SENSATIONS DE LA CHARTREUSE

Léon CROS

Sensations de la Chartreuse

Stat Crux,
dum volvitur Orbis !

NIMES
GERVAIS-BEDOT, LIBRAIRE-ÉDITEUR
Place de la Cathédrale
—
1897

Léon CROS

Sensations de la Chartreuse

Stat Crux,
dum volvitur Orbis!

NIMES
GERVAIS-BEDOT, LIBRAIRE-ÉDITEUR
Place de la Cathédrale

1897

A

Monsieur Pierre VEÜILLOT

HOMMAGE

DE RESPECTUEUSE SYMPATHIE

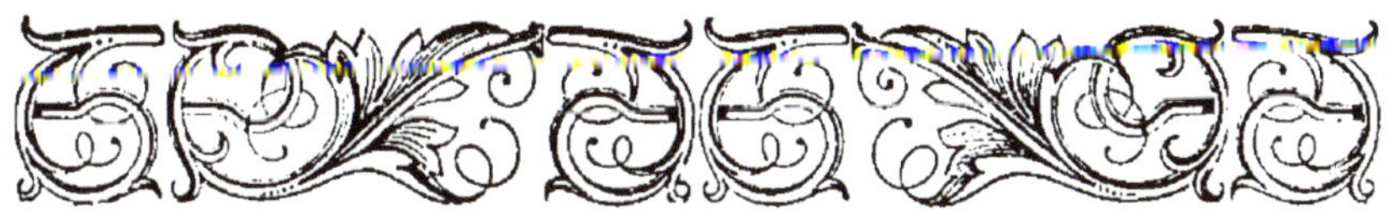

PRÉFACE

L'Auteur de ces quelques pages n'a ni le désir ni la prétention de découvrir la vie monastique, et la Chartreuse en particulier. Il tient à le déclarer tout de suite, pour qu'on ne lui reproche point de si peu donner, alors qu'il semble beaucoup promettre.

Il est allé, en la compagnie d'un ami, à la Chartreuse de Valbonne, écouter la voix des solitudes, méditer sur les leçons du cloître et rêver dans les grands bois.

C'est la gerbe de ces souvenirs divins que l'Auteur effeuille tout le long de ces pages, sans souci de l'arrangement et de la méthode.

Puisse-t-elle en s'effeuillant, garder le parfum du sol qui l'a vue naître, et devenir pour ses lecteurs comme pour lui-même, une semence d'idéales aspirations.

L'abbé Léon CROS.

SENSATIONS DE LA CHARTREUSE

Io vidi sovra lei tanta allegrezza
Piover, portata nelle menti sante
Create a transvolar per quella altezza,

Che quantunque io avea visto davante
Di tanta ammirazion non mi sospese
Ni mi mostro di Dio tanto semblante !

(Dante. Parad. Ch. 32. v. 30 et 31).

I

Le monastère est au milieu de bois et de collines qui font autour de ses murs blancs un silence de désert. Aucun bruit humain ne parvient jusqu'à ces hauteurs, d'où l'âme plonge dans l'infini !

On n'aperçoit du monde habité, et encore faut-il s'éloigner un peu du couvent, qu'une ligne bleue, là-bas, dans le lointain : c'est le Rhône dont les eaux coureuses, ont sous les rayons du soleil des reflets d'acier poli. Derrière le Rhône ce sont les immenses et fertiles plaines du pays d'Orange ; puis aux limites de l'horizon, se perdant dans l'azur pâle du ciel, les premières chaînes des Alpes. Et dans le fond de ce paysage splendide, où tous les détails sont à demi voilés par les brumes d'automne, surgit le Ventoux, dessinant, lui, dans la pure lumière, ses vives arêtes. Cette vallée du Rhône, vue ainsi de haut, est d'une incomparable beauté.

On détourne la tête, et à cent mètres, épanoui dans la verdure, le couvent semble dormir. Le contraste est tel, que d'instinct, on se prend à faire la méditation classique ; mais cette fois, sans distraction, l'âme remuée par la souveraine vérité des pensées !

Premier point : Là-bas, c'est l'agitation, c'est le bruit ! toutes les énergies de l'homme à la recherche de l'or, des joies et de la gloire : tout ce qui meurt !...

Deuxième point : Ici ; le repos ! le calme absolu dans le rayonnement de la lumière qui vient de l'au-delà ! la fuite des heures, des jours et des années dans la soif apaisée du bonheur ! le vol à tire d'aile vers les espaces divins, avec le dégoût croissant des joies si petites et si vaines, rencontrées ou soupçonnées sur les chemins de la vie !...

Nous avions apporté un volume des œuvres choisies de Denys le Chartreux, et tout en marchant sous les grands arbres jaunissants, nous écoutions la voix de cet admirable mystique, une des gloires de l'Ordre de Saint-Bruno. Quel lieu plus favorable à une leçon de philosophie chrétienne ?

« La perfection, la fin, la béatitude, la gloire de « l'âme humaine, dit Denys le Chartreux, c'est de « s'attacher et de s'unir, de s'identifier à Dieu, sur- « tout dans les actes qui conviennent le plus essen- « tiellement à Dieu, à savoir : les actes d'intelli- « gence et de volonté. »

« Et puisque l'acte essentiel de Dieu, puisque sa « vie même, consiste à se connaître et à s'aimer infi- « niment, j'appellerai donc *homme divin*, le solitaire

« dont l'unique occupation consiste à connaître Dieu « aussi clairement et à l'aimer aussi parfaitement « que possible. La vie contemplative est une con- « naissance de Dieu, prompte, exacte et affectueuse. »

Et comment cet homme sevré de tout souci humain, pourra-t-il arriver à cette connaissance exacte et affectueuse, et devenir un être divin ? Par la méditation, répond Denys le Chartreux. « Méditer, c'est « diriger habituellement nos pensées vers Dieu en « nous occupant sans cesse de Lui à l'aide des mille « réflexions qui naissent spontanément de tout ce « que nous pouvons voir, lire, entendre, ou appren- « dre, et que nous pouvons sans difficulté ramener à « Dieu et aux choses divines ! Méditer ! c'est voir « Dieu présent partout et toujours ; c'est le voir « jaillir, si je puis ainsi m'exprimer, de tout ce que « nous apercevons ; c'est entendre sa voix et ses « exhortations à propos de tout ce qui nous arrive.

D'aucuns pourraient objecter que de ce pas on va droit à la douce quiétude, pleine de paresse, des prêtres boudhistes ; mais Denys le Chartreux leur répond que cette contemplation est active et pleine de sacrifices atroces pour le corps et pour l'âme. « La

« vie solitaire, ajoute-t-il, surtout au commencement,
« est *au dessus des forces de l'homme laissé à lui-*
« *même* ; il faut donc, dans les premiers temps,
« implorer sans cesse avec humilité et confiance le
« secours de Dieu, qui, dans sa grande bonté, ne
« manquera pas de nous venir en aide ; toutefois
« comme louer Dieu est un acte plus sublime, plus
« céleste, plus angélique que prier Dieu, le solitaire
« doit peu à peu, à mesure qu'il fait des progrès
« dans les voies de la spiritualité, s'habituer à em-
« ployer son temps à louer Dieu par des hymnes et
« des psaumes.»

Ainsi donc, devant nous, derrière ces hautes murailles, il y a des hommes qui pratiquent ce que Denys le Chartreux vient de nous apprendre. Et nous sommes à la fin de ce siècle qui a tout raillé, tout insulté et mis ses criminels dans les vieux monastères !

Depuis le moyen-âge, l'ordre de Saint Bruno vit, se multiplie et prospère. Il est le plus rigoureux des ordres monastiques ; il n'a pas changé un iota à ses règles ; il écrase notre mollesse, nos vertus bourgeoises du poids de son obscur héroïsme ; il tourne le dos, si l'on peut s'exprimer de la sorte, à cette « théatrality » dont parle Carlyle, et il reste le refuge des grandes âmes que le monde n'a pu satisfaire : fleurs épanouies du matin, certaines de ne jamais se flétrir à l'ombre de ces cloîtres ! chênes renversés par la tempête et changés soudain en timides roseaux, pliant sous le joug jusqu'à la mort, sans jamais se rompre, heureux de plier, eux les orgueilleux chênes d'autrefois !

Les Chartreux tiennent le premier rang parmi les contemplatifs ; ils réalisent par la merveilleuse économie de leurs institutions, l'idéal permis ici bas à l'être humain. Le moyen de parvenir à cet idéal est moins dans les règles déterminant les prières et les pénitences que dans l'acte qui fait du Chartreux un homme « séparé » et exclu du monde. Évidemment toute vie claustrale doit être basée sur ce principe ; mais qui l'est plus que la vie cartusienne ? De là, la force et la permanente jeunesse de l'ordre de Saint Bruno.

A l'encontre de la plupart des ordres religieux ses annales ne sont presque jamais l'écho des évolutions sociales ; il est au-dessus du temps, car toutes les heures chez lui se fondent dans un même désir : louer Dieu et vivre en Lui.

Les révolutions ne dispersent que les pierres de ses monastères, la sève qui circule dans le tronc garde la même vigueur et l'arbre décapité se couronne bientôt de branches et de fruits (1). L'ordre des Chartreux est comme une parcelle de ce granit sur lequel l'Église est bâtie, et quoique son œuvre soit silencieuse, elle n'en demeure pas moins, aux yeux des vrais chrétiens, une des plus utile au salut du monde. L'Église regarde les Chartreux comme ses premiers soldats.

Ces réflexions sur l'ordre de Saint Bruno, nous amenèrent à parler de l'admirable floraison de couvents, en ce siècle qui n'a rien épargné pour tarir la sève religieuse, et voici en quels termes s'exprima

(1) De 1132 à 1676 la Grande Chartreuse fut huit fois la proie des flammes. En Angleterre, en Suisse, en Allemagne, en France, les Chartreux furent violemment persécutés par la Réforme. A Valbonne le monastère a été reconstruit plusieurs fois, notamment au commencement du XVIIe siècle, après le pillage et l'incendie dus aux calvinistes des Cévennes.

mon compagnon de route. Le sujet avait un peu dévié ; mais n'importe, il ne manquait pas d'intérêt.

« L'Église, disait mon ami, est toujours au pas du siècle et personne ne sait mieux qu'elle, faire fi de ce qui doit mourir ; elle est essentiellement « esprit » et « vie ». Poursuivant son but qui est de donner la vérité aux intelligences et la paix aux cœurs, elle demande pour ses soldats la liberté de combattre et d'asseoir leurs conquêtes !...

En ce moment, c'est surtout par le clergé régulier que l'Église voit croître et se maintenir son influence, car ce sont ses soldats les plus indépendants.

« Depuis soixante ans, les ordres religieux vont à la conquête des forces sociales qu'ils avaient aux siècles de foi : enseignement, prédication, œuvres charitables, direction des âmes, amitiés puissantes.

« C'est à eux surtout que va l'âme du peuple, car le peuple simpliste en tout, devine d'instinct leur liberté. Ils ont tous au front l'auréole de la persécution directe, et aussi celle d'une vie qui les élève bien au-dessus du commun des prêtres : un curé à 900 francs, exilé dans les montagnes et condamné au terre à terre d'une existence souvent misérable, semble aux yeux du monde un roi à côté du capucin ou du carme qui passent dans la rue ; ce vœu de pauvreté qui, en général, ne fait souffrir de rien, est une force incomparable.

« Et à tout cela ajoutez la solidarité sur toutes choses, faisant des membres d'une congrégation une famille où le chef est obéi sans réplique ; où la formation de l'individu est partout identique ; de telle sorte qu'on reconnaît l'origine religieuse du moine non seulement au costume, mais à la tenue ; aux façons de parler et même de penser ; et vous n'aurez point de peine à deviner le secret de l'attrait qu'exerce le clergé régulier et de l'irrésistible entraînement qui mène à lui tous les mondes.

« Et à son côté le clergé séculier voit ses énergies et ses élans neutralisés. Pourquoi ? Oh ! disons-le franchement ; parce que le peuple a pris l'habitude de voir dans le prêtre un « fonctionnaire » et ce titre à ses yeux équivaut à celui de prisonnier de l'État.

« Ergotons tant qu'il nous plaira : un curé ou un vicaire ont-ils la volonté d'agir ? ne sont-ils pas, s'ils veulent accomplir tout leur devoir, la proie du dénonciateur qui provoque les tracasseries de l'administration et peut-être la suppression du traitement ? Dans la plupart des cas, il faudra plier devant le caprice du pouvoir, car dans l'organisation actuelle du clergé, tout choc avec l'État amène souvent un trouble profond dans les finances et dans la situation sociale du prêtre.

« Et en outre, y a-t-il dans chaque diocèse, comme dans la famille religieuse, union intime entre les membres du clergé, au sujet d'une action à suivre ? Et l'autorité épiscopale n'est-elle pas trop souvent battue en brèche à l'aide des influences qui s'exercent en faveur des ambitieux ou des amis dans les bureaux préfectoraux ?

« Chaque diocèse n'offre-t-il pas, au détriment du voisin, une conception si différente des besoins de l'heure présente et de la conduite à tenir, que le public est amené à dire, à la suite des journaux forçant la note : « Vérité ici, mensonge de l'autre côté ! » Souvenons-nous de la loi d'accroissement et de la loi sur les Fabriques.

« Toute la conduite du clergé paroissial est, en somme, une question de nuances et de doigté, et l'Évêque lui-même, s'il n'est un administrateur parfait, doublé d'un fin diplomate, ne parviendra point à être maître chez lui.

« Oui, malgré le Concordat, malgré le Droit Canon et les protestations de tout genre, le prêtre séculier est impuissant, car il est *fonctionnaire de fait*. Et l'on ne sortira de cet état de choses que par l'entente des chefs et par le groupement des soldats. Les revendications socialistes n'ont pris corps qu'à l'aide des syndicats. Qui sait, si un jour, le Concordat étant aboli, il ne faudra point, en vue d'une action utile, former, dans les villes et dans les campagnes, des associations de véritables communautés de prêtres séculiers ? La vie commune mettant en action toutes les volontés sous celle d'un chef reconnu et aimé, sera toujours la source des grands efforts et des victoires.

« La cause des défaites du parti catholique en France, depuis de nombreuses années, ne vient elle pas surtout de cette multitude d'efforts individuels qui usent tous ceux qui les tentent ? Beaucoup de braves soldats ; pas d'armée ! »

L'Angélus coupa la parole à mon ami... et nous arrêtant sous un grand arbre, dont la chanson faisait écho à la voix de la cloche, nous récitâmes à haute voix la prière de la paix et de l'espérance : « Et le Verbe s'est fait chair, et Il a habité parmi nous ! » « Et le Verbe soumettra le monde entier, et Il sera le Roi, malgré l'habileté de l'Ennemi et les faiblesses des Enfants de Dieu,» ajoutai-je, quand la cloche eut achevé ses tintements !

II

Depuis quelques heures nous avons franchi le seuil du couvent. Lorsque le frère convers vous ouvre la porte et vous introduit dans les longs corridors, tout de suite vous éprouvez au fond de l'âme un sentiment de paix, mais aussi de gêne. C'est un autre air qu'on respire, et malgré les sourires de l'hospitalité, il semble que votre présence dérange ici quelque chose.

Dès l'instant que vous ne venez pas pour toujours, vous n'êtes qu'un curieux et un profane; et voilà pourquoi le secret de la vie du solitaire nous sera toujours inconnu ; les moines ne faisant jamais des livres où l'on se raconte pour amuser la galerie. Cette curiosité n'éloigne pas cependant l'émotion, et si ces pierres ne nous disent pas tout, elles nous en disent assez pour que nous les baisions avec toutes les ardeurs de notre âme chrétienne.

Nous avons parcouru les cloîtres immenses où le soleil se joue à travers les quatre - vingt - trois arcades ; puis admiré le jardin potager qui s'étend au milieu. De là nous montons à la chapelle par un superbe escalier à double rampe, d'où l'on voit les croix de bois du cimetière.

Tout cela est gai, blanc, simple, et ce champ de la mort, placé parmi les vivants, s'harmonise à merveille avec le cadre qui l'entoure. Il est placé là comme le grand objectif de la vie claustrale ; la mort de tout ce qui est humain ; la mort, couronnement splendide d'une vie d'amour imparfait par l'essor dans l'amour parfait! Tout ici chante l'insulte à la mort ; et nulle part cette strophe n'est plus douce à répéter :

Heureux, Seigneur, tes morts ! Tu baignes de rosée
Leurs ossements bénis qui renaîtront plus beaux ;
Sur eux, comme ton sceau, ta croix sainte est posée,
Ton soleil, échauffant leur cendre reposée
Fait chanter les tombeaux ! (1)

(1) L. Veuillot. Œuvres Poétiques : *La Symphonie Pastorale.*

La façade de la chapelle, rappelle les édifices de la fin du XVIe siècle. C'est un assemblage de tous les styles et qui arrête à peine le regard. L'intérieur est sévère et riche. C'est bien la chapelle toujours prête aux offices solennels. A cette heure du crépuscule, elle devient plus recueillie, plus aimante ; et la lampe du sanctuaire à un petit scintillement mystérieux dont l'âme est émue. Cette lumière semble un regard de Dieu !

Les stalles sont fort belles. Au-dessus, j'ai aperçu de remarquables copies des Sacrements du Poussin. Un jeune père est en oraison, sur les degrés de l'autel. Sa prière est si fervente que nos admirations des tableaux, des boiseries et du sanctuaire ne parviennent point à lui faire tourner la tête.

Nous poursuivons notre visite à travers le réfectoire, la salle du Chapitre, la chapelle des reliques, et partout, nous remarquons un ordre, une propreté incomparables et aussi une luxueuse pauvreté. Le silence qui règne à travers ces corridors et ces vastes salles, n'a rien de troublant ; mais plutôt, un je ne sais quoi d'heureux qui vous force à conclure ;

c'est nous qui sommes les fous, et ces moines sont les seuls vrais sages !

Ce qui sort encore de ces murailles, c'est l'idée de permanence, de défi au temps. Depuis six siècles, depuis le jour où en 1203, l'Évêque d'Uzès, Guillaume de Vénéjan fondait le monastère de Valbonne, rien ici n'a changé que le visage des moines. Aux mêmes heures la cloche sonne et la prière s'élève vers Dieu. Toujours ç'a été le même silence et dans le cœur de ces hommes la même paix !

Les tempêtes des révolutions ont soufflé sur cette oasis; puis on a relevé les ruines (1), et l'on s'est remis à chanter dans cette vallée du Bonheur : *Vallis Bona* ! Oiseaux et moines ont rebâti leur nid, et de la forêt comme du couvent monte sans cesse le plus harmonieux concert. Le moine a la gaieté de l'oiseau, il chante comme lui, même quand son cœur est triste, même dans les larmes. Dans nos villes et dans nos campagnes l'homme ne chante plus, car il n'entend plus la « *voix des choses* » et l'ennui morne et plat dévore les âmes !

(1) En 1836, le 18 janvier, les Chartreux rachetèrent leur couvent, au prix de 65.300 francs, et en 1837, ils revinrent s'y fixer.

Les Chartreux sont donc revenus après la crise de 1789, et Valbonne en ce moment, est une des premières maisons de l'Ordre. Vingt-quatre cellules s'ouvrent sur le grand cloître et elles sont habituellement peuplées par un nombre égal de religieux de chœur, y compris les novices, car Valbonne a un noviciat. Il y a en plus dans le couvent, une vingtaine de frères convers.

Valbonne a donné à l'Ordre trois généraux : Jean IV, Van Rœsendaël, de Nimègue 1463-1472; Dom Anselme-Marie Bruniaux, 1879-1892 et le général actuel, Dom Baglin.

Le prieur du couvent, Dom Oudin, est un homme charmant et d'une grande distinction. Il veut bien nous recevoir dans sa cellule et nous donner sur la vie intime du Chartreux quelques détails intéressants.

Nous lui demandons quels sont les principaux éléments de recrutement de l'Ordre.

Il nous répond : — « C'est le clergé qui nous fournit le plus grand nombre de sujets. C'est une erreur de croire que les signes de la vocation du Chartreux, soient la douceur du caractère, la tranquillité d'humeur, ou bien encore une tendance à la misanthropie. Dieu choisit dans tous les tempéraments et quelquefois ce sont les plus bouillants, qui font les religieux les plus parfaits.

Nous avons des jeunes gens, pleins d'ardeur, je vous assure, qui n'ont point du tout, fait grise mine à la cellule, et Dieu sait si c'est dur dans le commencement ! Que de postulants, prêtres et laïques, après quatre jours de cellule, demandaient à sortir, dans une telle exacerbation de leurs nerfs, qu'ils se disaient sur le point de devenir fous. Ce silence de tombeau, leur donnait, disaient-ils, l'illusion atroce d'avoir autour du crâne, un cercle de fer. Et cependant ils étaient venus avec un ardent désir de rester et ils nous quittaient les larmes aux yeux.

« Encore une légende, que cette conviction entêtée dans la plupart des écrivains : « les Chartreux sont en grand nombre, d'anciens hommes du monde, fatigués et dégoutés des plaisirs et des richesses. » Nous avons de grands pécheurs, mais c'est l'exception.

Parmi les laïques,soldats,artistes ou gentilshommes, il y a de fort belles âmes, qui n'ont point erré dans les chemins du mal. Leur vocation est née de l'attrait de la perfection morale qu'ils cherchaient d'instinct, même dans le monde ; aussi Dieu n'a-t-il pas eu trop à lutter contre ces âmes ; la Chartreuse était le paradis ouvert devant-elles, et elles en ont franchi la porte avec une joie qui s'est accrue chaque jour.

Et le P. Prieur alors, se laisse aller à son bonheur, et sur son front et dans ses yeux passe un reflet de la joie de son âme. Il nous dit que Dieu l'a aimé en le détachant du monde, et que la vocation à la vie des Chartreux est la grâce insigne.

L'entretien est terminé. Nous revenons au cloître. Les religieux rentrent à leur cellule. Ils vont lentement, les yeux fixés au sol, l'âme encore absorbée par la sublimité des prières qu'ils viennent de chanter à l'Église. Quelques uns semblent exténués par l'âge, les infirmités et le poids de la règle ; mais le plus grand nombre a un maintien solide qui dénote plus encore la maitrise de la volonté que la force plénière de la vie. Il y a aussi parmi eux quelques visages roses d'adolescents.

Le frère convers qui nous accompagne nous glisse un mot du passé de ces hommes, et cela sonne à nos oreilles comme les inscriptions qu'on lit sur les tombes. Celui-ci *a été* un brillant officier ; celui-là *a été* un grand médecin ; celui qui ouvre la porte de cette cellule, au bout du cloître, *était* un artiste célèbre ; regardez ce vieillard, avant de venir à la Chartreuse, il *était* humble curé de campagne dans les environs ; et ce jeune, qui vient vers nous, *était* à Rome, au Séminaire Français, il y a deux ans, etc.

Mais à quoi bon entendre ces épitaphes, qui ne satisfont pas toute notre curiosité et ne nous livrent rien de « *l'état d'âme* » du Chartreux ? Ce n'est pas le passé qui grandit ces hommes à nos regards, mais bien le présent ! Et ce présent, pouvons-nous en pénétrer tout le sublime mystère ?

La vie monastique contemplative échappera donc toujours, malgré le charme profond dont elle pénètre l'âme, à l'analyse de ceux qui ne l'ont pas embrassée. On pourra écrire là-dessus des pages admirables ; la vraie page, personne ne l'écrira, pas même le religieux au lendemain d'une extase !

L'Auteur de l'Imitation a ouvert devant les siècles, les horizons splendides de la vie contemplative ; et puis il est mort, sans laisser trace de son nom, réalisant à la lettre, la fin de la vie religieuse, qui est la perte de l'homme en Dieu; mais l'Imitation, écho et reflet de son âme de Séraphin, est-ce là *toute* son âme? Est-ce là *tout* le feu dévorant dont parfois sa poitrine haletait? Les mots, même les plus aimants, peuvent-ils tout exprimer?

Si le Christ nous a dit son amour en des paroles tendres comme le sourire de nos mères, n'a-t-il pas été arrêté par l'impuissance de la langue humaine dans l'expression de cette dilection, et à notre tour avions-nous un cœur à la mesure d'un tel océan? Encore un coup, peut-on jamais dire ou écrire ce qui fait vibrer le cœur de l'homme au point de lui faire oublier un instant qu'il n'est plus de la terre?

Et voilà pourquoi on ne passera jamais indifférent devant un monastère ; car c'est ici que palpite le cœur de l'Église catholique. Tout homme qui a la foi comprendra le sens absolu de cette parole.

...... Tous les religieux sont rentrés dans leur

cellule ; le cloître est de nouveau livré aux oiseaux, au soleil et au silence. On aimerait plus d'art et de richesse dans les arceaux et les chapiteaux, et, comme au moyen âge, on voudrait, dans le cloître, trouver le salon en plein air du couvent.

En vérité, c'est laid ; et je m'étonne que les Chartreux, qui sont si bons maçons, ne soient plus, comme jadis, architectes et artistes. Eux seuls pourraient, ce me semble, nous donner une image de ce qu'étaient les abbayes du moyen âge et inspirer aux artistes chrétiens quelques belles œuvres. Qui voulez-vous, en ce siècle de la *fantaisie*, qui redonne l'élan à l'art religieux, sinon les couvents riches ?

Mais si ce cloître est si sévère et si pauvre d'art, il reste quand même à nos yeux ravis l'asile sacré, à l'ombre duquel ont vécu et vivent encore des générations de saints ; et nous le voyons se revêtir de splendeur, à mesure que nous avançons sous ses voûtes. Les âmes qui vivent derrière ces murailles étincellent comme des étoiles.

Nous sentons, même matériellement, que l'air est ici plus pur, le ciel plus profond et plus limpide, le soleil plus brillant, et que dans le chant des oiseaux, qui becquettent les raisins dorés pendus le long du cloître, il y a plus de joie et plus d'harmonie. On dirait qu'ici la mort n'est jamais rentrée, ou du moins que lorsqu'elle est venue, elle n'a dérangé personne. Jusqu'aux petites croix de bois du cimetière, chaque chose se colore des teintes de printemps et d'aurore !

Je reviens sans cesse à ce sentiment éprouvé dès la première heure : ici, la notion du temps disparaît ; les heures, les journées, les mois, les années se fondent dans une pensée, dans une prière, dans un désir : « s'identifier à Dieu ! » et Denys le Chartreux a raison : L'homme qui veut cela est un « être divin ! »

Ce qui empêche notre âme de voler vers Dieu, c'est la chaîne de nos habitudes aimées, de nos désirs, de nos passions, de notre argent. Il est impossible qu'il y ait une vie religieuse quelconque, tant qu'un lien attachera l'âme à la vie. Pour faire un héros ou un saint, il faut tout briser et ne plus regarder en arrière. L'âme peut alors déployer ses ailes ; rien ne la gêne plus dans ses élans et comme l'aigle, elle fixe le soleil.

Aussi bien dans la vie ordinaire on ne reconnaît les grands et nobles cœurs qu'au mépris de l'obstacle. Est-ce que l'amour, mérite ce nom, s'il discute un moment avec les difficultés ? On l'a dit en un style doux et fort comme lui : « l'amour va devant lui, c'est un torrent, rien ne l'arrête, pas même la mort, il est plus fort que le monde entier (1) ! »

Eh bien ! ce que nous admirons dans le cœur de l'homme, quand il s'agit de ce sentiment qui unit deux êtres et leur donne l'ivresse ! ce spectacle sublime de deux âmes qui pour s'aimer savent mourir ! cette folie immortalisée par la poésie, l'éloquence et tous les arts ensemble ! pourquoi ne l'admirerions nous pas, cet amour, dans le cœur de ces hommes, puisque ici c'est le seul parfait et le seul immortel ?

Pourquoi et de quel droit serions-nous railleurs et illogiques en face de ces fous de l'amour de Dieu ? Dieu a pris leur âme ; ils ont vu sa beauté, ils ont entendu battre son cœur et alors ils ont aimé ! Ces moines sont venus ici, enchaînés par l'amour ; comme les autres vont à la ruine, au déshonneur, à

(1) **Imitation.**

la mort, forçats de l'amour trompeur et vain ! A qui donc doit aller la pitié ou la raillerie ? assurément ce n'est pas aux fous divins !...

III

Je sors de l'office, l'âme absolument transportée hors des régions où elle se meut d'ordinaire. J'étais au fond, dans le vestibule qui précède le chœur des frères convers, et là, dans l'obscurité, j'écoutais ces chants admirables , dont la monotonie ne parvenait point à me lasser.

Vers onze heures, au dernier coup de cloche annonçant *Mâtines*, le Chartreux quitte sa couchette, point luxueuse, je vous assure, et muni de sa petite lanterne, il se rend à la chapelle. C'est à travers les cloîtres, une procession d'ombres, rendue plus mystérieuse encore, par les jeux de la lumière qui se balance sur les murs, et crève à tout moment par une des nombreuses baies de l'immense corridor. Ces ombres glissent sans bruit, et disparaissent par le grand escalier qui met en communication les cellules avec les salles communes. Les voilà dans l'Église. En passant devant le sanctuaire, chacune tire la corde de la cloche, qui pend tout près de la lampe, et sonne un coup. Elles sont toutes maintenant rangées dans les stalles, attendant le signal qui devra faire jaillir de leurs lèvres le chant d'amour.

De grandes lampes sous des abat-jour spéciaux, éclairent seulement les livres, placés de telle sorte que trois religieux puissent lire sur le même volume. C'est une lumière crue et vigoureuse sur les énormes antiphonaires et sur la moitié du costume monacal. Les têtes sont dans l'ombre, ainsi que tout le reste de la chapelle, mais pas assez cependant pour que l'on ne distingue pas l'ensemble des traits du visage.

J'ai vu là des têtes à arrêter net un artiste. C'étaient des yeux incomparables d'éclat et de passion, reposés et purs cependant, véritable reflet du bonheur intime ; puis des visages, comme on en voit dans les tableaux des Primitifs, rendus plus beaux encore par l'ombre du capuchon.

Les livres sont ouverts ; on frappe un coup et on s'agenouille. Un silence... On se lève et alors un chant monte de ces vingt poitrines, doux, sans mollesse cependant, discret, fatigué dans l'ensemble, malgré la présence d'une dizaine de jeunes religieux, et cette impression de fatigue et d'épuisement fait tout de suite place à celle d'une volonté de fer, qui force le corps à capituler sous le joug de l'âme, ici souveraine maîtresse ; et cette volonté, on la saisit au passage, dans les finales s'achevant toutes par une suspension presque sèche de la voix, ce qui donne à la reprise du chœur alternant quelque chose de vigoureux, de déterminé et d'entraînant.

On comprendra ce qu'un tel office suppose d'efforts, quand on saura qu'il n'y a point d'orgue pour soutenir les voix, et que le plaint-chant est dépouillé de toutes ses notes caressantes, et réduit presque à l'allure d'un récit ou d'une mélopée.

Et durant des heures, c'est une vraie bataille livrée aux longues pages de l'Antiphonaire, sans poussée, sans emballement dès le début, comme aussi sans la moindre trace d'énervement et de lassitude vers la fin. C'est d'une précision admirable; les voix partent aux reprises avec une régularité de balancier ; aux mêmes mots une main se lève pour tourner le feuillet de la page achevée, et la mélopée chante dans cette demi-obscurité son chant d'amour ! Le sommeil est vaincu, la fatigue est vaincue, le froid aussi et la monotonie d'un tel exercice qui recommencera demain, et toutes ces grosses petites souffrances intimes qui anéantissent les pauvres êtres de misère, tels que nous. C'est vraiment la prière dans sa sublime splendeur : l'élévation du cœur !

Ce spectacle est d'une poésie à donner le frisson, et comme Pétrarque, on dit de cette psalmodie que c'est celle des anges ! On est là, à genoux, des heures entières, à regarder et à écouter ces hommes, l'âme ravie, dans un oubli total des choses, les larmes au fond des paupières, l'esprit martelé de cette obsédante pensée : Voilà les héros ! voilà les heureux ! !

Et l'office continue, les psaumes succédant aux psaumes. Aux *Gloria Patri* qui les terminent tous, les têtes s'inclinent, et cette sublime louange revêt dans cette attitude de respect et d'humilité une majesté infinie ; puis ce sont les « *leçons* » lues au grand pupitre du milieu de l'Église. Cette lecture est faite d'une voix nette et lente, avec les arrêts nécessaires pour que la beauté du récit ou du commentaire soit saisie et goûtée des deux chœurs silencieux. La *leçon* achevée, le chœur chante les *répons* dont le refrain, retentit parfois dans le silence, comme un cri de joie.

Je ne peux résister à citer tout entier un de ces répons dont chaque parole fait couler du cœur l'eau et le sang.

Le 1er chœur : J'ai méprisé le royaume du monde, et tous ses vains ornements, pour l'amour de mon maître Jésus-Christ.

L'autre chœur : Que j'ai vu ! Que j'ai aimé ! En qui j'ai cru ! Que j'ai choisi !

Le 1er chœur : Mon cœur bouillant d'amour a proféré des paroles magnifiques, et je dis à mon Roi le chant composé pour lui !

L'autre chœur : Le Roi que j'ai vu ! que j'ai aimé ! en qui j'ai cru ! que j'ai choisi !

Le 1er *Chœur :* Gloire au Père ! au Fils ! à l'Esprit-Saint !

L'autre Chœur : (Gloire à mon Maître Jésus-Christ) que j'ai vu ! que j'ai aimé ! en qui j'ai cru ! que j'ai choisi !

Aussi bien en écoutant ces transports dirons-nous avec Denys le Chartreux : « Louer Dieu est un acte plus sublime, plus céleste, que prier. » Prier c'est encore sentir sa misère, et peut-être n'est-ce que cela ? Louer, c'est perdre terre, c'est devenir un être de rêve ; c'est l'extase ! Je ne crois pas qu'il existe dans l'Église catholique, aucun ordre contemplatif où la louange ait cet accent d'au-delà.

A ce propos, voici ce que je trouve dans un petit volume écrit par un Chartreux sur les coutumes de l'Ordre : « En 1344, sainte Brigitte, de la famille royale de Suède, fondait un couvent à Wadstena ; Notre Seigneur lui dit, dans une de ses révélations : Le chant de vos religieuses ne doit être ni traînant, ni saccadé, ni manquer d'ensemble ; qu'il soit digne, grave, uniforme et plein d'humilité. Vos sœurs doivent imiter le chant des Chartreux, qui respire beaucoup plus la suavité d'âme, l'humilité et la dévotion, qu'une certaine ostentation... »

Ainsi donc, même en n'accordant à ce témoignage qu'une valeur strictement historique, il en résulte qu'en plein moyen âge, alors que dans les puissantes abbayes, l'office divin étalait ses pompes, au milieu des accords des orgues et des chœurs aux voix harmonieuses et exercées, c'était dans le chant cartusien que se trouvait « la dévotion et la suavité d'âme. »

Au point de vue esthétique et pour la jouissance de l'oreille, le chant bénédictin l'emporte, et il restera, même dégénéré et déformé par les sottes transformations qu'on lui a fait subir, la source de profondes émotions. Il est essentiellement populaire, et au moyen âge tel couvent avait établi sa réputation sur l'habileté de ses religieux à moduler les divers neumes dont l'effet vocal se traduisait ainsi : *Fractio vocis*, *inundatio vocis*, *geminatio puncti*, etc.

On allait en ce temps-là, au monastère de Saint-Gall, comme de nos jours on fait le pélerinage de Bayreuth. Je vous avoue, là sincèrement, avoir pour le plain-chant complet, tel que nous l'a fait connaître le célèbre Dom Pottier, une admiration profonde, et il n'est pas d'audition wagnérienne que je ne sois prêt à abandonner, pour écouter les mélodies grégoriennes chantées avec un art infini à Solesmes et même chez les Bénédictines.

C'est doux, plein de grâce, alerte, jeune et d'un art consommé. On prie avec ferveur, parfois même on a des élans, on prend presque vol ; mais ce n'est pas le chant « angélique » des Chartreux ; il y a trop de l'homme, trop d'art; il y manque cette sobriété qui permet à l'âme d'être toute entière à la louange, en dehors de toute satisfaction des sens, qui serait pour le contemplatif un obstacle sur la route du Ciel !

Mon esprit se laissait aller à ces réflexions, pendant l'interminable défilé des psaumes, lorsque tout à coup les voix s'arrêtèrent et les lampes furent baissées au point de paraître éteintes sous leurs abat-jour profonds. Les religieux tombent à genoux et se couchent de long des stalles, la tête appuyée sur le bras droit replié, et pendant quelques minutes, vous avez l'illusion que l'église est déserte et que vous êtes seul dans les ténèbres.

A cette heure avancée de la nuit ce silence, troublé seulement par les éclats du vent dans la forêt, vous donne l'angoisse. On éprouve une émotion indéfinissable, comme à la vue d'un crime, ou au récit d'une ingratitude atroce. La voix du vent semble se changer en sanglots ! On a la vision certaine d'une lutte, en ce moment, entre le Bien et le Mal ! On croit voir apparaître une cohorte hurlante ; fantômes grimaçant sous des oripeaux de soie et d'or, avec des visages rongés de lèpre et des mains souillées de sang !

Supposons qu'à nos côtés viennent s'asseoir un Bourget, un Lemaître et tous ces Durtal, plus nombreux qu'on ne pense parmi les écrivains contemporains, croyez-vous qu'ils ne sentiraient pas, absolument comme nous, chrétiens, la sublime beauté et l'utilité sociale de cette prière silencieuse, après les chants sacrés ? Le signe du baptême est comme la tâche de sang de Macbeth ; il reparaît toujours un peu, malgré tous les grattages, et ce soir il couvre le front, il descend jusqu'au fond du cœur et y fait naître la source divine des larmes !

Oui ! la scène est au-delà de tout ce qui se voit et s'écrit. Les contrastes heurtent l'esprit; et sans effort vous comprenez, enfin, pourquoi cette louange a gardé son élan depuis des heures, et pourquoi aussi l'Église est immortelle ; et pourquoi, enfin, ces hommes héroïques sont les plus solides soutiens de l'humanité.

Allons au fond des choses. Il est deux heures du matin, la nuit couvre la terre de ses voiles ; tout dort, excepté le mal et pour lui tenir tête, ici, et dans tous les cloîtres, ces « hommes divins ». De leurs lèvres monte vers le ciel une supplication généreuse. Ils demandent à Dieu d'être de plus en plus morts à la terre et plus purs à ses yeux, pour devenir des victimes plus agréables ! Et une littérature aussi ignorante qu'impie les appelle : égoïstes et paresseux ! !

Là-bas, au pays de ces littérateurs, le Boulevard, les soupers fins chez Durand ! les orgies du trottoir et du salon ! les coups de langue ! les coups de couteau ! la misère noire à côté des insolences d'un luxe souvent de source impure ! le désespoir et les cris de rage nés de la cruauté d'une société marâtre, enfin partout, sous les sourires des étoiles, le mal aux mille visages !...

Cette clameur de haine traverse l'espace et monte jusqu'ici ; elle vient troubler la prière de ces moines ; aussi, les voilà silencieux, couchés à terre, l'écoutant, afin d'y répondre ensuite par un amour plus ardent !

Cette prière dans la nuit, qu'est-ce autre chose, que la réponse de l'amour à la haine ? et l'amour est toujours vainqueur, puisque le monde, chaque matin, est réjoui des beautés de l'aurore, du parfum des fleurs et du chant des oiseaux !

IV

Depuis la Renaissance, ils sont rares les auteurs profanes et les hommes publics qui ont compris la nécessité sociale des ordres contemplatifs. La décadence de la vie monastique au XVIIe siècle et surtout au XVIIIe siècle n'a pas peu servi, il est vrai, à former ce courant de préjugés ; mais pour tout esprit réfléchi, ainsi que l'a dit Lacordaire, les abus ne prouvent rien contre quoi que ce soit et il n'en reste pas moins acquis à l'histoire que c'est aux ordres monastiques, véritablement animés de l'esprit religieux, que l'Europe durant des siècles, a été redevable de la moitié de ses progrès matériels moraux et artistiques (1).

(1) Montalembert appelle les moines bénédictins « les Nourriciers de toutes les nations modernes ». (*Moines d'Occident*, tom. II, p. 74.

De nos jours, les moines ont de fervents admirateurs dans tous les mondes, on va vers eux et à leur contact, on renvoie où ils méritent, tous ces lieux communs qui encombraient jadis, les ouvrages de certains chrétiens. Lamartine dans l'histoire de la Restauration, ne s'indigne-t-il pas contre « *les aberrations et les ignorances béatifiées de l'ascetisme monacal* » (1) Michelet n'eut pas mieux dit.

Depuis les admirables travaux d'Ozanam, de Lacordaire et de Montalembert, qui voudrait défendre un pareil jugement ? N'est-ce pas un indice du retour aux idées religieuses, que ce mouvement littéraire, plus sentimental que chrétien, j'en conviens, dont notre fin de siècle nous donne le spectacle ? Le Réalisme a tout d'un coup donné sa mesure : dégout et néant. Déjà les âmes qui ont encore une certaine fleur de jeunesse, s'en vont rêver devanl les cathédrales gothiques.

C'est encore la période de transition, toute faite d'aspirations mystiques, tendres, vaporeuses et... peu claires. Mais le jour se fera, on lira l'Évangile

(1) **Livre XV. §. 8.**

et l'on verra le Christ autrement que M. Grandmougin ; on lira la Vie des Saints, non plus comme Anatole France pour en sortir des contes libidineux, non plus en papillon gourmand comme Lemaître ; on lira « l'Imitation » autrement que pour y trouver un beau passage ; on ira chercher des « sensations » non plus dans les cloîtres abandonnés d'Italie, comme Bourget ; mais dans les modernes monastères de plus en plus nombreux sur notre terre de France, en entrant en communion avec l'âme des moines.

Oui, j'en ai le ferme espoir, ces asiles de la paix, de la science et du bonheur, auront encore comme autrefois des visiteurs, qui s'en iront avec de la lumière dans l'esprit et du bonheur dans l'âme.

Artistes, oh ! venez ! vous verrez ici de belles têtes, car il n'y a pas de visage, que le Bon Dieu et le capuchon ne sachent embellir (1) ; vous verrez de splendides paysages, car dans ces solitudes « l'âme des choses » est plus vibrante qu'ailleurs ! vous enten-

(1) L. Veuillot, *Çà et Là*.

drez des chants à faire oublier, même, le divin Mozart! vous verrez des cœurs nobles et purs, dont les prières et l'affection vous seront un phare dans les chemins de la vie !

Hommes que l'art et la science font amoureux de toute beauté et de toute vérité, pourquoi n'imiteriez-vous pas vos devanciers (1) ? Une halte, dans ces solitudes, vous rendra plus petits à vos yeux, mais combien plus grands devant le monde ! Souvenez-vous que vous n'avez pas le droit de nous dérober une parcelle du lot qui vous est échu. Sous la loi du Christ, ne vouloir relever que de Platon, de Solon, de Phidias, de Praxitèle, de Virgile, de Cicéron et des autres, c'est marcher vers la décadence. Il n'est pas permis de se cantonner dans un idéal où se trouvaient déjà à l'étroit ces illustres génies ! Excelsior ! !

(1) L'Abbaye de Solesmes de nos jours, a vu accourir, auprès de son illustre abbé, Dom Guéranger, un très grand nombre d'écrivains, d'artistes et de savants aux opinions les plus diverses. Il y aurait de fort curieuses et intéressantes pages à écrire, au sujet de l'influence profonde que Solesmes a exercée sur les hommes du mouvement catholique et sur ce mouvement lui-même, pendant les trente années qui précédèrent le Concile.

C'est la devise des âmes, filles du Christ. Avec l'Évangile, c'est l'infini ouvert devant vous !

La vraie beauté morale à son tour ne s'épanouit qu'à l'ombre de la Croix ! N'en avons nous pas un vivant exemple sous les yeux, ici, dans ce monastère ? Dans quel autre coin du monde et dans quelle autre condition que celle de moine et de Chartreux, ces hommes auraient-ils donné à leur âme une telle somme d'idéal ? Sous le joug de l'Évangile, ils sont devenus rois.

Ne les plaignez donc pas, car leur sourire vous dira tout de suite que c'est vous-même qu'ils plaignent. Ils sont pleinement heureux, malgré toutes les rigueurs d'une pareille existence. Ils sont aimables et aimants. Rien de plus affectueux que leurs lettres. Chez eux, le cœur n'est point mort, il est détaché des sens, voilà tout. L'amitié n'en est alors que plus tendre et plus noble.

Où trouvez-vous une plus ardente affection que celle de Saint-Anselme ? Il écrit à un de ses amis :

« Comment pourrais-je t'oublier ? oublie-t-on celui

« qu'on a posé comme un sceau sur son cœur? Dans « ton silence je sais que tu m'aimes ; et toi aussi « quand je me tais, tu sais que je t'aime! » Et à un autre de ses amis : — « Tu savais combien je t'aimais, « mais moi, je ne le savais pas. Celui qui nous a « séparés, m'a seul appris combien tu m'étais cher .. « Non, je ne savais pas, avant d'avoir l'expérience de « ton absence, combien il m'était doux de t'avoir, « combien il m'est amer de ne t'avoir pas. Tu as pour « te consoler un autre ami, que tu aimes autant et « plus que moi ; mais moi, je ne t'ai plus, toi ! toi ! ! « entends-tu ? et nul te remplace. Tu as tes consola- « teurs ; moi je n'ai que ma blessure! » — (1)

Musset avait raison et ses vers mille fois cités reviennent d'eux-mêmes au bout de la plume :

Cloîtres silencieux ! voûtes des monastères,
C'est vous, sombres caveaux, vous qui savez aimer !
Ce sont vos froides nefs, vos pavés et vos pierres,
Qui jamais lèvre en feu n'a baisé sans pâmer !

. . . .

(1) Traduction de Montalembert. *Moines d'Occident*, Introd.

Trempez-leur donc le front dans les eaux baptismales,
Dites leur donc un peu ce qu'avec vos genoux
Il leur faudrait user de pierres sépulcrales
Avant de soupçonner qu'on aime comme vous !

Oui, c'est un vaste amour qu'au fond de vos calices
Vous buviez à plein cœur, moines mystérieux !...
Vous aimiez ardemment ! oh ! vous étiez heureux !

Sait-on à quel prix s'achète ce bonheur ? En sortant vers deux heures du matin, de l'Eglise, le Chartreux avant de s'endormir, doit dire dans sa cellule « Prime » de l'Office de la Sainte-Vierge et quelques autres prières. Son sommeil sera fort court, car on sonne à six heures « Prime » du jour et la Messe conventuelle. Le Dimanche, le premier coup de cloche est à cinq heures et demie et pour certaines fêtes, à cinq heures un quart et même à cinq heures.

Voici le détail de la journée : de Prime à Sexte (six heures du matin à dix heures) exercices spirituels ; c'est-à-dire offices, visite au Saint Sacrement, messe chantée, messe basse, méditation, lecture spirituelle.

De Sexte à Vêpres (dix heures à deux heures de l'après-midi) excepté le temps consacré à réciter l'office de None et à prendre le repas, on peut s'occuper de travaux manuels « nécessaires pour la santé ou simplement utiles ; mais toujours en rapport avec la vie religieuse (1). »

Le travail en cellule, consiste à jardiner, à fendre du bois, à raboter ou à jeter au moule quelque image de dévotion (2). Par travail, la règle entend aussi l'étude, qui a toujours été estimée dans l'Ordre, sans en être jamais l'occupation principale. Les études du Chartreux sont : l'Ecriture sainte, la Théologie, l'Ascétisme et le Mystique. Au XVIe siècle, quelques religieux des maisons de Hollande et de Belgique se prirent soudain d'un beau feu pour le grec. Quiconque ne savait pas le grec, disaient-ils, ne pouvait entendre les Saintes Ecritures. Le Chapitre général de 1542 leur fit une monition sérieuse avec défense de se livrer à de telles études, comme étant le fait d'une curiosité peu en harmonie avec leur genre de vie.

A trois heures moins un quart, les religieux vont

(1) *Ordinarium Cartusiense*, Cap. XXIII, 14.
(2) Directoire chap. X p. 77.

chanter Vêpres, et comme très fréquemment ils psalmodient, après l'office, les Vêpres et les Matines des Morts, ils ne sortent du chœur que vers quatre heures un quart. Rentrés en cellule, ils prennent leur souper, à moins que ce ne soit jour de jeûne, et le reste du temps jusqu'à Complies et le coucher, est consacré à la prière et à l'étude.

Telle est la journée de ces « paresseux ». Les agréments de cette existence sont très relatifs. Chaque semaine une promenade en commun ; le Dimanche, repas silencieux de la communauté, au réfertoire, et entre Nône et Vêpres, la règle accorde une causerie.

Au point de vue de l'abstinence, les Chartreux sont restés l'Ordre le plus sévère. Même en cas de maladie, la viande est interdite. Ce point de la règle aussi ancien que la Chartreuse a été érigé en loi stricte par le Chapitre de 1244. « Tout religieux, dit l'ordonnance, prieur ou simple moine qui enfreindrait cette loi, serait séparé de la société et communion de l'Ordre et totalement retranché et exclu dudit Ordre (1). »

(1) Nous avons puisé ces détails sur la règle Cartusienne, dans l'intéressant et complet ouvrage : *La Chartreuse par un Chartreux.*

Cette vie qui nous fait peur a été *librement* choisie par ces hommes (1). Je ne crois pas qu'il y ait une vocation qui exclue davantage l'enthousiasme. Vivre là dedans de force, mais le bagne aurait plus de douceur ! C'est essentiellement l'asile de la liberté !

Faut-il admettre encore qu'un Chartreux soit un être à part, en qui est morte toute sensibilité, sous les coups d'une permanente exaltation religieuse ? Ceux qui tiennent ces raisonnements n'ont jamais connu, ni même vu un Chartreux. Pour nous, qui savons que sous le froc, le cœur garde ses instinctives tendances, nous ne craignons pas de dire, qu'il reste toujours pour le solitaire la grande école de la douleur !

En effet, dans ce perpétuel renoncement à soi-même, dans ce silence de la cellule, dans cette série

(1) Après le décret de l'Assemblée nationale en février 1790, supprimant les ordres religieux, la communauté de Valbonne composée alors de vingt-deux pères, de douze frères et de trois oblats, déclara par deux fois, devant la municipalité de Saint-Paulet-de-Caisson *vouloir rester*.

Pour la partie historique, consulter l'excellente et savante monographie de Valbonne, par M. Bruguier-Roure, membre de la Société Française d'Archéologie. Tours, 1869.

d'exercices qui brisent la volonté sans l'anéantir jamais, les jours succèderont aux jours ; parfois Dieu fera sentir à son serviteur le poids d'une vie si monotone et si sevrée de joies légitimes ; peut-être qu'en une heure du jour ou de la nuit, sa cellule retentira d'un rire moqueur : « Fou ! fou ! fou ! ne peut-on point se sauver sans ces extravagances ? » Peut-être qu'en une minute, cet homme semblera plier sous le fardeau, et s'arrêtera à formuler un regret ?

Oh ! qui nous dira ces luttes héroïques entre cette paix conquise par un tel don et les fantômes du passé ? — Mais le Chartreux est rarement vaincu ! et par la prière, et par le travail et la souffrance, il rend à l'âme tous ses droits de Reine. Après l'épreuve vient l'impertubable paix qui met dans les yeux des clartés d'au delà !...

V

Journée de plein air !

Nous assistons d'abord à la messe couventuelle : une messe longue, avec des rites magnifiques et des chants dont la simplicité, tout d'abord, surprend et détonne au milieu des pompes de cette royale liturgie, mais bientôt vous extériorise totalement, par cette forme aërienne qu'elle donne à la prière des moines, prière sans écho terrestre, se fondant à la sortie des lèvres, avec la nuée d'encens qui remplit l'église...

Quand nous quittâmes la chapelle, nous étions hors de nous mêmes et prêts à tous les débordements de l'enthousiasme. Sur la terrasse de l'hôtellerie, mille parfums appétissants couraient dans de toute science et n'a peur d'aucune lumière ni d'aucune arme de précision ; mais cela fait, plaçons au frontispice, bien en évidence, de toutes nos œuvres de défense religieuse la petite phrase du catéchisme, qui humilie les superbes et donne aux humbles toute paix : « La foi est un don de Dieu : »

J'ai connu un médecin de l'armée qui me disait : « Vous me prouveriez par l'évidence même, toutes les vérités de l'Eglise, que je ne démordrais point de ma négation. » Beaucoup de nos adversaires en sont là.

Jules Lemaître dans son exquise étude sur Louis Veuillot, après avoir constaté que toute la gloire du grand catholique et du célèbre écrivain, lui vient de sa foi robuste, ne cherche-t-il pas, en une sorte de confession publique, où son âme laisse parfois deviner ses remords, à prouver qu'il est bon pour lui de ne plus croire. « Vous êtes seul logique, dit-il à Veuillot. » Et après cet hommage, qui est une larme de son âme il essaie de la méthode des « mais » et des « pourquoi », dans l'espoir d'être enfin en repos avec cette logique là, terriblement gênante pour un boulevardier qui a tant d'esprit... Alors, d'un cœur léger le thym, la marjolaine, le romarin et d'autres si suaves choses, et que ce bois, vous l'avez là, sous la main ? En un clin d'œil nous eûmes dépassé la petite chapelle de Saint-Jean qui s'élève à deux cents mètres du couvent, à la lisière même du bois, et tout de suite, commença notre promenade dans les herbes mouillées.

La forêt de Valbonne s'étend sur trois collines, vigoureuse, d'aspect imposant, mais sans cette raideur, de certains bois, où sur chaque arbre on croit voir pendu l'écriteau : « Défense de passer ». Elle a cependant d'impénétrables fourrés, et aussi de place en place, de jolis rochers blancs, posés tout exprès, au milieu de ses masses profondes de verdure pour jouer avec le soleil et étinceler parfois comme de vrais diamants.

La forêt de Valbonne est plus vieille que la Chartreuse ; mais rien n'y paraît. Sous le soleil du Midi et sur ces collines où le sol peu profond devient vite une lave brûlante, lentement mais solidement elle a gagné ses titres de noblesse. Son sang ne s'est pas appauvri. Les troncs de ses chênes se sont durcis comme le granit de ses rochers. Pareils à la plupart des hommes du Midi, ces géants sont tout en muscles, leur taille est moyenne ; mais quel jarret ! quel front de fierté et d'audace ! quel feu dans l'œil !

Un jour, cette royale forêt faillit pourtant devenir la proie des flammes. Voici en quels termes le chroniqueur du couvent raconte l'évènement.

« En 1719, le feu prit à la forêt par une cause inconnue. Poussées par la violence du vent, les flammes s'étendaient partout, au point de faire craindre un embrasement général des bois de Valbonne et la destruction du monastère. On fit appel mais vainement aux secours humains, pour arrêter l'incendie. Le secours de Celui qui commande aux vents et au feu du ciel fut invoqué ensuite ; le père Prieur, ouvrant le tabernacle prit entre ses mains le Très Saint-Sacrement, sortit du couvent, et s'avança vers le lieu du sinistre. Les flammes reculèrent à son approche. Elles se replièrent sur elles-mêmes et s'éteignirent subitement (1). »

Depuis cette miraculeuse préservation, elle a été

(1) **Kalenderium, p. 1203.**

témoin de terribles évènements. Les énergumènes de 93 vinrent chanter le *Çà ira* et la *Carmagnole* sous ses ombrages, puis le monastère se ferma et alors elle pleura, sous la hache des maraudeurs, le départ des moines ses frères.

Ç'a été la période la plus sinistre de son histoire ; mais les bois ont la mémoire courte. A cette heure sous la garde de l'Etat qui en possède plus de la moitié et sous la houlette des Chartreux, elle est pimpante de fraîcheur et de jeunesse.

Parfois on ne gêne guère avec elle, et çà et là la hache du forestier se montre sotte autant que cruelle ; mais elle a tôt fait de panser ses blessures. N'est-elle pas la forêt du miracle ? Elle se rit du temps, des incendies, du soleil, du mistral, des maraudeurs et des inspecteurs des eaux et forêts. Elle a pour veiller sur elle les bons moines et quand on a de tels protecteurs, on ne meurt pas comme çà !

Ainsi le bois de Valbonne demeure la perle forestière du département du Gard et peut-être même du Languedoc. Il rappelle par la variété et la magnificence de sa flore les grands bois des environs de Paris. Et puis, avec de si jolis rochers et des collines si mignonnes, dans ce flot de lumière et ce ciel si bleu, elle semble, par excellence, le lieu de la joie sereine. Beethoven, sans doute, était tombé sur un bois pareil, lorqu'il composa sa radieuse et pacifique *Symphonie pastorale*. Il est difficile, malgré les feuilles qui lentement se détachent, et viennent s'entasser le long du chemin, de songer aux vers larmoyants de Millevoye. Il y a tant de vie dans l'air !

Nous marchions depuis une heure et nous n'avions pas échangé deux paroles, l'âme et les yeux enivrés par la magie de cette lumière qui donne aux choses un si puissant relief. Mon ami rompit le premier le silence :

— Je voudrais savoir peindre comme Harpignies !

— Eh bien que ferais-tu ?

— J'empêcherais de mourir, l'impression ineffable de cette matinée. Peindre, c'est donner la vie au rêve. C'est le ressusciter pour soi et pour les autres. C'est peut-être lui donner une forme plus belle, car dans la peinture (je parle de la peinture idéaliste, il ne saurait y en avoir d'autre) les heurts de la nature sont moins violents. Il y a, grâce au pinceau, comme une gaze légère sur l'âme des choses. Et cette gaze, vois-tu, c'est l'Idéal.

« As-tu fait la remarque qu'un jour de Première Communion toutes les jeunes filles sous leur voile blanc, sont admirablement belles ? La vulgarité et la laideur même des traits ont déjà disparu sous l'influence de la paix intérieure. Le voile de tulle par dessus, a achevé l'œuvre de la grâce ; et la beauté rayonne.

« Et c'est ainsi de tout. Pourquoi les artifices de la toilette chez la femme ? Pour créer l'Idéal. Ces artifices, c'est la gaze légère, jetée sur les brutalités du temps ou les distractions de la nature.

« Quand on tient un pinceau, et qu'on veut tout peindre, on fait injure au don de Dieu. La nature sur la toile, tout en demeurant vraie, doit porter son voile de Première Communion.

« Ah ! pourquoi ne suis-je pas Harpignies ? Le voilà, le paysagiste vrai ! Dans sa manière énergique et parfois même sévère, il laisse deviner une candeur d'enfant.

« — Et Hobbema, et Le Poussin, et Corot, et Français qu'en fais-tu de ceux-là ? »

Mon ami ne m'écoutait plus ; il parlait seul.

« — Si j'étais Harpignies ! Oh ! quelles heures délicieuses je passerais ici. Je m'arrêterais sous ce rocher, et vite à la besogne !

« A ma droite : la forêt en train de se dépouiller, descendant doucement vers le chemin. A même le chemin, quelques broussailles et puis, au-dessous, une prairie. En face : la forêt encore, mais sous un autre aspect : plus de bouleaux et de frênes, élevant leur tronc comme les colonnes d'un temple, plus aucun de ces géants dont la tête grimace au-dessus du dôme verdoyant ; mais quelques arbres maigres et souffreteux, et çà et là, au milieu des tons gris des rochers, des touffes de thym et de genévriers. A gauche, à travers le rideau de verdure, que j'ai là devant moi, je ferais surgir le monastère, mais rien qu'un coin, juste ce qu'il en faut, pour savoir que c'est un couvent.

« Je mettrais là dessus ce qu'on est convenu d'appeler l'Ame des solitudes et de la lumière à torrents.

Il y aurait la sensation réelle de la paix divine qui règne ici. Comme titre : *L'automne à la Chartreuse de Valbonne*. Vous m'en diriez des nouvelles !

« — Oui ! Je vois que ce serait un très beau morceau ; dis-je en sourdine. Harpignies, en effet, me semble, à cette heure, le maître du paysage. Ses tableaux produisent une impression de sereine grandeur. Cela va droit à l'âme, car cela en vient ; et devant cette peinture quand on s'écrie : c'est de toute beauté ! on ne fait pas une phrase de convention.

« Il est tout de même regrettable, que ce grand artiste ait eu tant de peine à tracer son sillon, alors qu'une foule de médiocrités ont les honneurs et les médailles (1).

(1) Au moment où nous livrons à l'impression ces pages, les journaux nous annoncent que cette année la médaille d'honneur a été décernée à M. Harpignies, pour ses deux toiles du Salon : *Solitude* et *Bords du Rhône*. Tous les amis du vieil artiste ont applaudi à ce glorieux hommage rendu à un talent hors ligne. Dans *la Libre Parole*, Édouard Drumont, en un article plein d'humour et de science esthétique a su donner à la physionomie de ce maître paysagiste un admirable relief. Après de tels articles, on en veut presque à Drumont de faire autre chose que de la Critique d'Art. S'il a jamais une statue, il la devra à la « *France Juive* » ; s'il entre à l'Académie, ce sera en montrant sa palette de « *Mon Vieux Paris* ».

« — Tu as raison, reprit mon ami; mais après tout, peut-être vaut-il mieux pour ces hommes d'avoir connu les amertumes de l'insuccès. Ils restent eux-mêmes. Ils ne commettent pas de forfaiture contre l'Art, et par l'effort sans trêve de leur passion pour le Beau, ils arrivent aux sommets de l'Idéal.

« Nous parlons d'Harpignies. Qui sait ce que serait devenu son talent si, après les premières œuvres, il eut connu les ivresses léthargiques du succès ? Il eut suivi, sans doute, son petit bonhomme de chemin, plaçant bien ses tableaux chez les parvenus de la Bourse, travaillant avec goût, je te l'accorde ; mais sans cette vigueur de l'artiste blessé de se voir méconnu, et pourtant certain de vaincre un jour.

« Cet effort a été pour lui, et pour tous ceux que Veuillot appelle si justement les « Servants de l'Art,» la source féconde, pleine de fiel pour le cœur humain; pleine de miel pour l'artiste qui se donne ainsi des joies divines.

« Regarde les bien ces tableaux d'Harpignies, tu sentiras dans la raideur apparente du dessin, ce je ne sais quoi qui révèle l'homme qui lutte et qui est blessé ; mais tu sentiras davantage, à cette clarté céleste qui baigne chaque chose et dont le procédé défie l'analyse, que ce lutteur est un tendre... »

La conversation une fois sur ce domaine devint inépuisable. D'Harpignies à Français, de Corot à Hobbema, Du Poussin à Lesueur, la distance n'est pas si longue qu'on pourrait le croire apparemment, surtout avec un compagnon comme mon ami.

Rien ne saurait rendre la jouissance artistique de cette causerie au milieu des bois, en cette matinée d'automne.

— Décidément, m'écriai-je, comme conclusion aux théories de mon ami, ces moines ont été gens de goût, en venant au XIIme siècle, après le départ des moniales bénédictines, se fixer en cette admirable retraite, pleine de soleil et de verdure !

Et c'est ainsi, partout ! Je crois même que d'un lieu quelconque ils feraient une merveille. Le Temps pour eux, c'est le cas de le dire, ne fait rien à l'affaire. Est-ce qu'ils y songent, au Temps, ces immortels comme les chênes qui croissent autour d'eux ?

Si dans leur solitude ils trouvent des marais, ils les dessèchent; si la forêt tient trop de place, ils la réduisent. Ils sèment, ils plantent, ils défrichent, ils bâtissent, et lorsque nous venons, nous, les curieux, les avides de sensations, les blessés ou les vaincus de la vie, tout est à souhait : il y a de l'ombre, des coins délicieux, des champs fertiles, du bon air, des livres, des silences pacifiques, toutes les joies divines du cœur et de l'esprit.

N'est-ce pas, je crois, Lacordaire qui a écrit cette phrase : « On a bâti sur la terre d'augustes palais, on a élevé de sublimes sépultures, on a fait à Dieu des demeures presque divines ; mais l'Art et le cœur de l'homme ne sont jamais allés plus loin que dans la création du monastère! »

En ce moment nous étions en pleine forêt, nous traçant nous mêmes un chemin, à travers les taillis et les branches folles, sans prendre garde, dans l'échauffement de notre entrain, aux ronces qui parfois nous ensanglantaient les doigts. Heureux temps !

Nous atteignîmes ainsi, la sueur au front, le sommet de la colline qui fait face au couvent. Là, assis sous une chêne superbe, le roi sans contredit des rois de la forêt cartusienne, ce fut en nos âmes le point culminant des multiples et croissantes émotions dont la messe du matin avait été la source féconde. Pendant un long temps, nous n'eûmes point de mot pour clamer le contentement de l'être qui s'essore, pas même une de ces béates interjections, par lesquelles l'âme semble éprouver la surprise de l'aveugle, à la révélation de la lumière. Minute étrange et solennelle, durant laquelle on découvre des mondes !

Chants sacrés des moines, leçons du cloître, avis et conseils des sages et des saints, éclairs éblouissants sur le néant et la grandeur de l'homme, joies pacifiques de l'esprit rassasié de vérité et d'idéal, joies suaves du cœur guéri de ses blessures et transporté par les ivresses du bien, sourires du soleil, sourires de l'air, embaumé comme aux meilleurs jours de la jeunesse, sourires de notre amitié, hier modeste brin d'herbe, aujourd'hui arbre immense plein de fleurs et d'oiseaux ; toutes ces richesses, le bois, les avait rassemblées, ici, sur cette hauteur silencieuse comme un sanctuaire, pour le triomphe suprême de l'âme.

Le voilà, le souvenir sur lequel le Temps ne pourra rien ! Le voilà, le dernier coup de ciseau qui a gravé à jamais, dans la chair du cœur, le nom de Valbonne ! Quand nous prononçons ce nom, mon ami et moi, tout de suite sur nos lèvres, la même phrase paraît : « — Te souviens-tu, de cette halte, vers neuf heures, sous le chêne géant, près de la croix de Canet ? — »

Je donne la parole, un moment, au génial Hello. Il nous expliquera, avec ce style qui chez lui est toujours vie et vérité, ce qu'est le souvenir, et, peut-être que le rapport que j'établis, entre cette halte dans les bois et la plénitude de notre contentement intérieur, ne paraîtra plus chose mystérieuse, et matière à ouvrer des phrases.

Écoutons Hello : « Le souvenir ! quoi de plus commun et quoi de plus rare ? Le souvenir dans sa forme ordinaire, la plus légère, la plus accidentelle, est la monnaie courante de la vie. Mais le souvenir profond, efficace, celui qui fait sortir le passé de l'absence et le fait comparaître devant l'homme pour rendre ses comptes et raconter ce qu'il a fait, ce souvenir est rare, car il faut, pour l'appeler, le loisir du recueillement, et la solitude à laquelle on ne songe pas, — la solitude intérieure — Le souvenir rend aux choses, leur proportions perdues. Il est le dépositaire fidèle des secrets qui lui sont confiés. Il les rend même, plus purs qu'il les a reçus. Il les dégage des détails extérieurs qui les altéraient en les touchant. Il isole l'objet et le montre en lui-même, au lieu de le montrer dans l'embarras et le tumulte des circonstances que le présent accumulait autour de lui (1). »

Voilà l'explication de notre mutuel silence. Dans ce recueillement — solitude intérieure — nous jouissions, par le souvenir, des trésors amassés en ces jours bénis, et, maintenant encore, c'est par le recueillement total de l'âme, que ce charme toujours vivant en nous, repasse sur nos cœurs et, divinement, les berce ! —

Comment analyser cet état d'âme ? On eut dit que tout l'être avait atteint le plus haut degré du sentiment ; que l'âme s'était divisée à l'infini et était montée à la surface du corps, prête à jaillir de chaque pore.

(1) **L'Homme.**

Mon ami me disait ensuite avoir eu, un instant, comme la sensation réelle d'un essor, d'une fuite de la terre. Nous vivions, ou plutôt nous vécûmes, dans toute la radieuse beauté du mot, « *au-dessus de la vie* » ; mais dans des hauteurs bien autrement sereines et azurées, que le carillonneur Borluut, de Rodenbach, dans sa tour du beffroy de Bruges.

Ce n'était point la sensuelle et troublante joie de l'oubli total du monde, que produisent souvent les harmonies des bois et des larges espaces. Non, c'était la paix divine du cloître, imprégnant toute la forêt, ainsi que toutes les pierres du couvent. Notre rêverie était une prière ! Si cette flamme eut duré, à cette heure, nous serions Chartreux !

J'ai souvent observé ce coup d'aile de l'infini, chez un grand nombre d'écrivains. Tous ne saisissent point le rapport lumineux qui unit leur âme ainsi transfigurée et ravie, avec Dieu, principe de toute beauté et de tout amour; mais, tous, dans leur bégaiement, adorent.

Elle est splendide cette *Introduction* de l'*Insecte* de Michelet, malgré les taches nombreuses, de ci de là. La forêt de Fontainebleau a livré son mystère au poète, et, alors, on peut lire des pages comme celles-ci :

« La puissance de ce lieu n'est nullement dans ce qu'il a d'historique, ni dans ce qu'il contient d'Art... Bien des gens sont restés ici pris, englués. Ils sont venus pour un mois, et sont restés jusqu'à la mort. Ils ont dit à ce lieu fée le mot de l'amant à l'amante : « Que je vive, que je meure en toi ! » *Tecum vivere amem, tecum obeam libens!*

« Le curieux, c'est que chacun y reconnaît ce qu'il aime. Saint Louis ne trouva qu'ici la Thébaïde qu'il rêvait. Henri IV, qui n'y voit que plaisir, dit : « Mes délicieux déserts ». Le pauvre exilé mystique, Kosciusko, y sent l'attrait des forêts de Lithuanie et y prend racine.... Ce lieu est fort ; on n'y est pas impunément.... J'aime les lieux qui concentrent, qui resserrent le champ de la pensée.... Je ne sais si l'idée s'y réveille fort ; mais qui l'apporte éveillée pourra la garder longtemps, y caresser sans distraction son rêve, en saisir, en goûter tous les accidents du dehors et tous les mystères du dedans. L'âme y poussera des racines et trouvera que le vrai sens, le sens exquis de la vie, n'est pas de courir les surfaces, mais d'étudier, de chercher, de jouir en profondeur. Ce lieu avertit la pensée ».

Sur toutes ces phrases, sur ces descriptions vivantes qui font voir et toucher, jetez la poudre d'or que laissent tomber de leurs ailes les Anges, pour nous révéler qu'il y a En Haut des splendeurs inconnues de la terre, vous jouissez alors pleinement en profondeur, et, la pensée avertie donne au cœur ravi la clé de l'énigme.

Parfois, il me vient à l'esprit de songer à ce qu'aurait été un Michelet chrétien. Au lieu de ces cantiques éperdus à la nature, à la vie, à l'amour, nous aurions entendu, en prose, un autre Lamartine, un écrivain enchanteur parlant une langue autrement riche, autrement colorée, ardente et vraie, que celle de Chateaubriand. Et puis quelle lave brûlante en ce volcan ! Michelet chrétien, c'était l'Histoire se développant alors en de magnifiques fresques, sœurs de celles de Raphaël. Au lieu de ce beau rêve, nous n'avons eu qu'un pamphlétaire hargneux, toujours hanté du spectre catholique, injuriant à outrance, jusqu'à l'ivresse, une éponge saturée de haine religieuse, quelque chose comme une première édition du Victor-Hugo des *Châtiments*...

Après réflexion, on finit par ne plus les plaindre ces pauvres grands hommes, dont la vie s'est passée selon l'expression de Veuillot, à genoux devant eux-mêmes ! Pourquoi tant d'orgueil, tant d'enflure, dirait Bossuet, alors que le plus léger coup d'épingle dégonfle si facilement tout çà !...

N'importe, on regrette tout de même, non pour l'Eglise qui se passe volontiers des hommes fameux, mais pour la bonne renommée de la gloire, que ces écrivains aient eu de telles fêlures ! Ils sont là, en ce moment quelques-uns, admirablement doués, qui emploient leur existence à des facéties, à des tours de force, à des riens savants. Oh ! l'odieuse profanation du talent et du génie ! Toujours la fêlure ! Et d'instinct, ces deux vers viennent en mémoire :

> Le vase où meurt cette verveine
> D'un coup d'encensoir fut fêlé !....

Fermons la parenthèse, il n'est que temps, et revevenons à la forêt cartusienne, dont on peut dire comme de celle de Fontainebleau : « Ce lieu est fort, il avertit la pensée. »

Cette solitude de Valbonne est toute faite de simplicité et de grâce, et c'est là, à mon avis, son plus grand attrait. On y chercherait en vain ce relief dur des formes, indice des effroyables révoltes du sol et qui dans le paysage s'appelle le pittoresque. On n'entend point de torrent rouler et gronder dans le ravin. Aucune caravane d'Homais, comme celles qui incessamment cheminent dans le Désert, à la Grande Chartreuse, ne s'aventure ici. Dans l'air, l'oreille ne perçois aucun bruit civilisateur. Rien que du silence et des lignes gracieuses et mignonnes.

De l'endroit où nous avions fait halte, la forêt dessinait comme un grand cercle de verdure autour du monastère, et celui-ci, au fond, semblait en sa blancheur, une couvée dans son nid. D'un autre côté, cependant, elle se donnait des airs sévères, s'élevant brusquement d'un bond hardi, toute droite, zébrant le ciel bleu de sa crinière hérissée — un vrai mur de défense — et ce rempart de chênes et de hêtres semblait dressé là, pour donner l'illusion de distances infinies entre ce lieu et le reste du monde. Et vraiment, nous avions la précise sensation de ce recul de la terre habitée. Quand un lieu est cela, il est, sans contredit, la solitude.

Mon ami sortit le premier de sa méditation, mais ce fut d'abord pour lire à haute voix, dans la minuscule Imitation de Jésus-Christ qui ne le quitte pas, ces phrases, dont jamais, mieux qu'à cette heure et en ce lieu, la souveraine beauté ne s'était révélée à mon âme :

« J'écouterai ce que le Seigneur dit en moi.

« Heureuse l'âme qui entend le Seigneur lui parler intérieurement, et qui reçoit de sa bouche la parole de consolation !

« Heureuses les oreilles toujours attentives à recueillir ce souffle divin, et sourdes aux bruits du monde !

« Heureuses encore une fois les oreilles qui écoutent, non la voix qui retentit au dehors, mais la vérité qui l'enseigne en dedans !

« Heureux les yeux qui, fermés aux choses extérieures, ne contemplent que les intérieures !

« Heureux ceux qui pénètrent les mystères que le cœur récèle, et qui, par des exercices de chaque jour tâchent de se préparer de plus en plus à comprendre les secrets du ciel !

« Heureux ceux dont la joie est de s'occuper de Dieu, et qui se dégagent de tous les embarras du siècle !

« Considère ces choses, ô mon âme ! et ferme la porte de tes sens, afin que tu puisses entendre ce que le Seigneur ton Dieu dit en toi.

« Voici ce que dit ton bien aimé : Je suis votre salut, votre paix et votre vie.

« Demeurez près de moi, et vous trouverez la paix

« Laissez-là tout ce qui passe ; ne cherchez que ce qui est éternel.

« Que sont toutes les choses du temps, que de séductions vaines ? et de quoi vous serviront toutes les créatures, si vous êtes abandonné du Créateur ?

« Renoncez donc à tout, et occupez-vous de plaire

à votre Créateur, et de lui être fidèle, afin de parvenir à la béatitude céleste (1). »

Il lisait cela en latin, très lentement, avec le goût d'un dilettante qui savoure, à la fois, la beauté des pensées et la sonorité des mots, et lorsqu'il fut à cette phrase : « *Beatæ aures quæ, venas divini susurri suscipiunt !* » on la sentait passer sur l'âme, cette brise. Ah ! la pénétrante leçon monastique que cette lecture en ce lieu solitaire !

Puis, mon ami, me fit le commentaire de cette page qui, au seuil de la Vie Intérieure, apparaît comme l'aurore d'un jour qui ne finira pas... Dans les élans de son lyrisme, sa parole atteignait les sommets.

Je voudrais pouvoir redire ici, ces cris superbes d'une âme, en qui pétillent, malgré les ombres que projettent sur elle la déconcertante science de la vie, tous les feux de la jeunesse, hélas ! la brise a tout emporté et tout dispersé dans les sentiers du bois de Valbonne. L'impression ressentie est là, tou-

(1) *Imitation*, livre III, de la Vie Intérieure, chap. I.

jours prête à jaillir du cœur, au moindre appel du souvenir; mais les mots se traînent misérablement au bout de la plume, s'il s'agit de lui donner la vie extérieure. Et c'est dommage, oui, vraiment, car j'écrirai une page rayonnante...

Hélas ! il en est toujours ainsi des meilleures heures de la vie, ce sont des fleurs d'un instant, elles parfument l'âme, et tout de suite elles s'effritent dans la main qui essaie de les rassembler en bouquet, comme pour mieux lui faire sentir dans cette poussière de bonheur, le peu de place qu'occupe toute joie, dans la série des jours de l'homme !...

Mais si mon verbe est impuissant à traduire le commentaire que me donnait, en cette matinée automnale, de la page de l'Imitation, l'âme séraphique de mon ami, je veux pourtant essayer de dire ici, en traits rapides, ce qu'était ce compagnon, qui, après Dieu, m'a fait pénétrer le plus avant dans les espaces éternels du cloître !.

Son nom ? A quoi servirait-il de le révéler ? C'est par l'âme surtout qu'il est quelqu'un. A cette heure, les âmes sont rares. N'est-ce point par le nom, c'est-à-dire par le pire des simulacres, qu'on veut compter? Jamais peut-être, l'humanité n'a plus abusé de ce mot: se faire un nom! Trop de gens le répètent et hélas! viennent au succès, pour que l'élite garde encore cette faiblesse de vanité! La gloire, la vraie, finira par devenir introuvable. C'est comme pour les diamants, le faux fait l'affaire très bien et souvent mieux...

Donc, mon ami est sans nom, il est quelconque. Il traverse la vie, sans qu'autour de lui on s'arrête comme devant l'exception, on ne soupçonne même pas qu'il l'est, l'exception. On passe. Ainsi va le monde, ignorant et cruel dans ses dédains.

Que de flambeaux s'éteignent sans avoir donné toute leur clarté, parce qu'on a passé la vie à souffler dessus! Dans les œuvres de zèle, dans l'art, dans toutes les branches de la science humaine, que d'élans contenus et à la fin anéantis, parce que l'ami ne s'est point rencontré! Que d'hommes ont, suivant l'expression vulgaire, raté leur existence, parce qu'aucune main n'a serré leur main!

N'est-ce pas Hello, ce génie trop tôt ou trop tard

venu, qui a poussé ce gémissement contre l'injustice humaine, à l'égard des esprits d'exception ?

« Je suis convaincu que la plupart des hommes supérieurs dans l'ordre du mal, ont donné tout ce qu'ils pouvaient donner, soutenus, encouragés, vivifiés par leurs amis.

» Je suis convaincu que la plupart des hommes supérieurs dans l'ordre du bien, sont morts de chagrin, assassinés par l'indifférence de leurs amis.

» Et ce crime a pour châtiment la diminution de la vérité parmi les hommes, et tous les malheurs qui sortent de ce malheur. »

Je songe, en écrivant ces lignes, à l'effroyable supplice qu'aurait enduré un Drumont, sa vie entière, si, après avoir écrit cette *France juive*, qui a jeté de si fulgurantes clartés sur notre société contemporaine, aucun éditeur n'eût voulu de ce livre !

Quelle amertume pour l'écrivain condamné à se dire chaque jour : l'artiste n'aura pas sa joie ! Oh ! l'atroce supplice ! Dans l'Enfer du Dante, vous ne trouvez pas un tourment semblable.

Dieu a béni souverainement mon ami. Il est saint, voilà pourquoi il ne souffre pas de son obscurité. Sans ambition, il est sans angoisse. Il ne souffre que d'une chose, mais alors en son corps et en son âme : du triomphe du Mal.

Mon ami a quarante ans; mais il en paraît trente, par la jeunesse du regard, du front et plus encore par celle de l'âme. Sa parole n'a point de ces accents qui trahissent le désenchantement de la vie. Au coin de ses lèvres point de pli amer. Il connaît les hommes, leurs vanités, leurs misères et leur effroyable ingratitude, et néanmoins, dans son sourire, vous sentez passer toutes les tendresses et tous les pardons.

Sans la foi, il resterait bon, mais quel bel ironiste il ferait ! Chrétien, il va, avec ce refrain, en qui pointe le dard d'une ironie sans cesse émoussée par son universelle bonté : « O mon Dieu, qui nous ferait aimer les hommes, si ce n'est vous ? »

Durant les quelques jours que nous passâmes ensemble à Valbonne, il m'ouvrit des horizons. Histoire du monastère, hagiographie, mystique, art chrétien, sur tout cela, il était infini et toujours d'un tour original et vraiment splendide.

Depuis notre amitié est fraternelle. Elle est devenue pour tous deux l'eau fraîche et limpide qui désaltère et refait les forces épuisées, après les labeurs du jour. Quand nos mains se joignent, dans nos regards, on lit, à la fois, la parole des Livres Saints : « Celui qui a un ami, possède le trésor ! »

. . . .
. . . .

Il était dix heures, quand revenus à la vie réelle, nous frappions à la porte du couvent. Le soleil maintenant était vainqueur. Devant la chapelle, la large cour noyée de lumière, éblouissait comme un miroir. On ne distinguait plus rien des détails architecturaux de l'Église, et, les fenêtres, à cette heure, hermétiquement closes, disparaissaient à leur tour, dans cette éblouissante blancheur qui, du soleil tombait sur la poussière de la cour, remontait sur les murs d'en face, pour rejaillir en une cruelle réverbération sur les murs latéraux.

Il n'y a que le Midi, où le soleil, même en toutes saisons, se permette de telles orgies de lumière.

Cela vous donne le vertige et vous vide totalement le cerveau. Toute vie s'arrête alors, dans cet embrasement général. Le soleil a versé son narcotique, et ces Méridionaux si alertes, si pétillants, comme les lézards, s'endorment.

Je garde encore la vision de certaines routes de Provence, vers deux heures de l'après-midi, lorsque les cigales bercent de leur chanson éternelle, la campagne ensoleillée. Il vous prend un désir fou de dormir ; vous ne pensez plus, et peu à peu, sans le moindre sursaut de la volonté, la lumière vous terrasse ; machinalement vous quittez la route, et, sous un arbre, vous attendez la fin de l'ivresse.

Bien que nous fussions en automne, j'eus quelque chose de cette impression, au retour de notre course dans le bois, en pénétrant dans cette cour lumineuse et solitaire. C'était une lassitude de toutes les énergies ; le charme du monastère n'opérait plus sur l'âme ; et pas un seul des souvenirs de la matinée n'effleurait l'esprit. — Après tout, me disais-je, quel est ce lieu étrange et plein de mystère ? Y a-t-il du monde ici ? Qu'y venons-nous faire ? N'est-ce pas une ruine fameuse, confiée à la garde de ce convers barbu, qui, en silence, vient de nous ouvrir la porte ?

Toutes ces pensées léthargiques naissaient du contraste absolu entre l'âme de la forêt, tout à l'heure, si remplie de vibrations éloquentes, et ces murs ensevelis dans une lumière métallique et inerte.

En effet, la Chartreuse ne paraissait plus, comme de là haut, sur la colline, assoupie dans le recueillement de la prière, mais bien totalement morte. Toute la vie du monastère s'était retirée dans chaque cellule ; mais cette cellule, artère de ce cœur immense, était si loin, si loin de nous, qu'on n'entendait plus la moindre palpitation, qui put donner la sensation que là vivaient des hommes !...

Et ainsi dans cette minute, je perdis, pour ma part, toutes mes joies du matin.

— « Que signifie ceci, me disais-je, pendant que mon ami ouvrait la porte de la chapelle ? Cette cour est décidément ensorcelée ! La nuit dernière, vers deux heures, après l'Office, je m'y promenais, l'âme ravie. Sous la lune, elle était aimante, elle me disait : « N'est-ce pas, qu'on est bien ici ? N'oublie pas cette nuit; elle sera dans la suite de tes jours, comme un gage d'espoir et de force ! Que d'hommes ont franchi cette porte, pour rentrer sous celle-ci, dont on ne sort plus ! A tous ceux qui passent, je souris. Aux pauvres, je dis : « Voilà du pain ! » aux savants : « Voici, la vraie science ! » aux riches : « Mes biens, à moi, sont impérissables ! » aux vaincus de la vie : « Voici le beaume ! » à ceux qui viennent pour ne plus repartir, je dis : « Ensevelissez-vous avec Jésus-Christ, pour ressusciter avec Lui ! » C'est à ceux-là que je suis, comme il convient, la plus accueillante !

Ce matin, après la messe conventuelle, la cour m'a chanté un petit air printanier ; elle s'est embaumée de senteurs enivrantes, elle m'a crié bien fort : « Va, la forêt t'appelle ! » et maintenant, elle n'a plus rien à me dire, et chose plus cruelle encore, elle me rebute, elle semble me regarder d'un air ennemi !

Nous entrons à l'Église ; nous prions ! A la sortie, la cour me sourit ; le charme monastique revient, et malgré le soleil toujours en fusion sur le couvent, il y a de nouveau de la fraîcheur dans l'air. J'eus bientôt la clé de l'énigme.

Au réfectoire, pendant que le frère cuisinier nous régalait d'une savoureuse omelette, dont la recette, est sans doute aussi mystérieuse et aussi ancienne que celle de la fameuse liqueur, je racontais à mon ami ce curieux et bizarre état d'âme. Avec sa fine pointe d'ironie, et aussi la gravité d'un John Ruskin — en mon ami, il y a un grain de ce sublime original, tant à la mode — il me dit :

« *Nihil est magnun, nisi quod est placidum !* » Dans un couvent, il ne faut jamais perdre de vue ce célèbre adage. Nous nous sommes évaporés, un peu, cette matinée, nous avons fait œuvre de « dillettantes » ça se paie toujours. Les couvents, vois-tu, ça n'aime pas la littérature. Bien que nous fussions, là-haut, sur la colline, assez loin du monastère, nos bavardages ont été entendus, et au retour, les Anges chargés de veiller à ses portes, ont été mécontents de nous. C'est dans le dessein de regagner leurs bonnes grâces, que je t'ai conduit à la chapelle. Tu as vu le prodige. Cette prière a été l'exorcisme de notre Littérature.

« Songe bien à ceci : jamais la Littérature n'a fait un moine, et une fois au cloître, c'est d'elle que naissent, pour le moine qui fut jadis son ami, les plus cruelles angoisses. Rappelle-toi Saint Jérôme, en sa grotte de Bethléem, lorsque Cicéron et Virgile avaient réussi à lui faire fermer l'Évangile. La grotte auparavant si douce et si aimée, se changeait en une caverne de voleurs. »

« La Littérature, voilà peut-être le plus fatal ennemi des Héros et des Saints ! « Et en épanchant cet adage, mon ami, prit dans sa poche, sa minuscule Imitation — édition de 1662 — et lut dans l'admirable chapitre 20 du livre 1er, ces lambeaux de phrases, à la plus grande édification du convers qui faisait le service.

« Laissez-là ce qui ne sert qu'à nourrir la curiosité.
« Oh ! si l'on ne recherchait jamais les joies qui
« passent, si jamais l'on ne s'occupait du monde,
« qu'on possèderait une conscience pure !

« Vous trouverez dans votre cellule, ce que sou-
« vent vous perdez au dehors...

« Dans le silence et le repos, l'âme pieuse fait de
« grands progrès !

« Pourquoi voulez-vous voir ce qu'il ne vous est « point permis d'avoir.

« Les désirs des sens entraînent çà et là ; mais « l'heure passée, que rapportez-vous qu'une cons- « cience pesante et un cœur dissipé ?

« Parce qu'on est sorti dans la joie, souvent on re- « vient dans la tristesse...

« Ainsi toute joie des sens s'insinue avec douceur ; « mais à la fin, elle blesse et tue.

« Que pouvez-vous voir ailleurs que vous ne voyez « où vous êtes ? Voilà le ciel, la terre, les éléments ; « or, c'est d'eux que tout est fait.

« Où que vous alliez, que verrez-vous qui soit stable « sous le soleil ?

« Vous croyez peut-être vous rassasier ; mais vous « n'y parviendrez jamais.

« Laissez aux hommes vains, les choses vaines...

« Si vous n'étiez pas sorti et que vous n'eussiez pas « entendu quelque bruit du monde, vous seriez de-

« meuré dans cette douce paix ; mais parce que vous « aimez à entendre des choses nouvelles, il vous » faut ensuite supporter le trouble du cœur ! »

Mon ami ferma son livre, et n'ajouta pas un mot à ce texte dont chaque pensée pénètre comme un dard au centre du cœur.

Jusqu'à la fin le repas fut silencieux. Puis on se sépara et chacun s'en fut jouir pleinement et sans danger, dans la paix de la cellule, de la victoire absolue de la Grâce sur la décevante Littérature.

Et jusqu'au soir, la Grâce, qui fait ici ses délices, nous prodigua ses dons, et nous sûmes alors, pourquoi l'Auteur de l'Imitation prédit à l'âme qui s'isole et s'abstrait, de si merveilleux progrès :

« Quittez tout pour posséder tout. » Voilà le secret du bonheur de ceux qui ont fixé leur vie en ces lieux sublimes !

VI

Je viens d'achever la vie de saint Bruno, par le Père de Tracy. Ce livre est intéressant, surtout quand on le lit à la Chartreuse, l'âme déjà préparée, par une série d'émotions mystiques, à trouver une exquise saveur aux choses qui parlent de Dieu, des Saints et des opérations merveilleuses de la Grâce. A ce point de vue, tout ouvrage de spiritualité a de l'attrait et porte en lui des éléments de vie surnaturelle. Dans un monastère on peut dire à la rigueur, d'un livre même médiocre, qu'il est un *bon livre*.

La vie de saint Bruno par le Père de Tracy a certes de grands mérites. Il y a, dans ce travail, la piété et la science à fortes doses, et aussi, cette fleur d'émotion que ressent devant son cher rêve, longtemps contemplé, l'artiste qui prend enfin ses pinceaux ; mais ce ne sais quoi, qui essore et donne les divins frissons, le Père de Tracy ne l'a pas. Et je serai fort surpris, d'entendre quelqu'un me dire qu'il a vibré, après cette lecture, comme après un long regard aux toiles de Lesueur. D'ailleurs saint Bruno s'est placé trop haut, et il ne faut point s'étonner si ses historiens, et ses peintres à leur tour, nous le montrent à demi voilé par cette buée de gloire céleste, qui rend presque impossible la mise au point et les lois de la perspective.

En somme, rien n'auréole plus magnifiquement le front du fondateur des Chartreux, que la fidélité amoureuse avec laquelle ses disciples depuis huit siècles observent ses conseils et ses prescriptions. C'est le cas ou jamais, de répéter la célèbre phrase de Bossuet : « Toutes les louanges languissent auprès des grands noms. »

Saint Bruno fait partie de cette escorte éclatante qui, sans trêve, se meut dans l'orbe du Christ. Il participe à son immortalité et à son rayonnement historique, de concert avec saint Augustin, saint Benoit, saint Bernard, saint François d'Assises, saint Dominique et saint Ignace de Loyola, ces organisateurs définitifs de la vie religieuse et ces créateurs du ressort civilisateur qui, depuis la fondation de l'Eglise Catholique, pousse, dirige et soutient le monde.

Chacun de ces hommes imprime à son association monastique son caractère particulier ; et néanmoins quand on rassemble leurs multiples et parfois contradictoires façons de parler et d'agir, on se trouve en possession du Code intégral de la perfection humaine. Et, à son tour, la méthode d'un seul est parfaite et forme un Code complet de sainteté, sans préjudice pour la méthode des autres.

Tous ont pris, comme idéal, et avec un superbe dédain la sagesse antique, l'Évangile sans rature ; mais sur cette échelle haute comme le ciel et assez solide pour porter le monde, chacun a choisi le degré correspondant à sa hauteur d'âme et à celle des âmes sœurs de la sienne. De là, tous montrent alors le but et les moyens sûrs de l'atteindre. Ils font un simple signe de main, au monde qui se meurt d'ennui, et à l'instant, chacun a près de lui une pépinière de héros. C'est d'une harmonie et d'une variété incomparables, et je ne sais rien, dans l'histoire des grands semeurs d'idées, qui approche du génie des grands fondateurs d'Ordres. A considérer ainsi ces hommes, on leur voit prendre dans le plan de l'institution de l'Église Catholique, un rôle presque égal à celui des Apôtres et des Papes, et monter alors dans une gloire, auprès de laquelle, toutes les autres gloires semblent en facheuse posture.

Saint Bruno, sans contredit, occupe le premier rang, parmi ces illustres, non par l'activité, l'intelligence et l'influence extérieure, mais par la réalisation du plus haut degré de perfection, que l'âme puisse atteindre en cette vie. Il a créé ce miracle, que ses disciples, malgré les perturbations matérielles et morales du monde, n'ont pas bougé d'une ligne du champ qu'il leur a fixé.

J'y reviens sans cesse, au risque de paraître banal ; ce défi au temps, chaque jour jeté par le « *Stat Crux, dum volvitur orbis* », a un son d'au-delà qui confond l'esprit et vous force à conclure : « Une Église qui dans ses murs a de tels blocs de granit, peut laisser les vaticinateurs de sa ruine future, continuer à leur aise leurs boniments. »

J'ai lu également la *Vie de saint Bruno*, par Dom Du Creux, et encore bien d'autres choses, et l'impression demeure : C'est de l'hagiographie froide, pâle et sans essor. On éprouve quelque chose de cette surprise, quand on lit la Vie de saint Ignace de Loyola par le P. Bouhours. C'est bien, à la rigueur, la vérité historique, encore que çà et là, on puisse reprendre ; mais le coloris est terne et l'image qu'on s'est faite du Saint et qui, sûrement est conforme à la réalité, perd la vigueur des traits qui nous la faisaient tant aimer.

Ce qu'on a écrit de meilleur sur saint Bruno, se trouve encore dans ces *Titres Funèbres*, sortes de récits détachés, écrits au lendemain de la mort du fondateur des Chartreux, par ses contemporains, amis ou anciens élèves. En ce style saturé d'emphase qui fait le fond de la latinité du moyen-âge, on rencontre mille détails charmants, et par dessus tout, le plus pur accent de la vérité. Ces éloges, souvent d'un goût douteux, ont éte inspirés uniquement par l'amour et la vénération.

A l'aide de ces témoignages rendus par tout ce que la génération intellectuelle du XIe siècle contenait de plus éminent en sainteté et en savoir, Saint-

Bruno s'élève à des hauteurs prodigieuses de science et de vertu. Dans les Chartreuses on fait grand cas de ces opuscules. Je les recommande à tous ceux qui voudront connaître les sources fécondes de l'inspiration de Lesueur. Ces pages sont aimantes, comme les *Fioretti*, ou la *Vie de saint François d'Assise*, par saint Bonaventure.

En somme, la Vie de saint Bruno est encore à écrire, comme, d'ailleurs, celle de tous les grands fondateurs des Ordres religieux. Oh ! le beau livre que celui qui, à un texte pieux, savant et distingué, même en la naïveté des détails, joindrait la reproduction des toiles de Lesueur, et tout ce qu'un pinceau comme celui de Tissot, par exemple, saurait créér pour mettre dans son vrai cadre, la physionomie monastique de saint Bruno et de ses enfants ! On peut affirmer, à l'avance, que ce serait un régal pour les âmes chrétiennes et les bibliophiles.

Pourquoi la si intelligente maison Mame, qui vient de remporter le plus gros succès de librairie du siècle, par sa *Vie de Jésus-Christ*, ne tenterait-elle pas une série hagiographique, qui irait de saint Augustin à saint Ignace, sorte de synthèse de l'action catholique, par les ordres religieux, au point de vue social, littéraire, scientifique et artistique ? Peut-être, en ce siècle où l'intérêt du livre exige, parallèlement, toutes les satisfactions des yeux et de l'esprit humain, par l'harmonieux mélange de la science et de l'art — toutes les grandes publications, depuis dix ans, en font foi, — serait-ce là une force apologétique hors ligne ? L'attention de l'opinion serait mieux éveillée et fixée, car les compilations et les froides thèses, qui les lit et les soupçonne même, en dehors d'un public spécial, de plus en plus trié et restreint ? Evidemment la physionomie historique de l'Eglise prendrait ainsi un plus puissant relief.

Par le développement splendide qu'auraient ces fresques, l'opinion qui, à la suite de Taine et de Brunetière, ne veut considérer dans l'Église, qu'un admirable gouvernement, où le principe d'autorité s'exerce d'une façon admirable, grâce à un ensemble de prescriptions qni font un judicieux partage entre les droits du supérieur et de l'inférieur, cette opinion là verrait dans l'Eglise, non plus le gendarme honnête; mais la mère intelligente et au cœur d'or.

Prédication de l'Evangile par les Apôtres, organisation sociale au sein même de l'Empire Romain persécuteur, doctrine sur la distinction des pouvoirs, dès le premier jour, définie par les Papes, par les Apologistes et aussi par les Martyrs eux-mêmes en face de leurs bourreaux ; puis, quand l'Eglise a conquis ses droits, la Vie Intérieure pénétrant dans le domaine des âmes d'élite, avec la sereine lenteur des forces dominatrices et étendant ses rameaux où la sève déborde, de Rome au désert, à l'aide de groupes qui partout se forment, affamés de perfection, les yeux fixés sur le Maitre Aimé, le Christ, pour lequel les aïeux sont morts ; sociétés charitables, écoles, exemples vivifiants des grandes familles patriciennes, donnant leurs biens aux pauvres, et avec la liberté le respect à leurs serviteurs ; enfin tous les éléments civilisateurs, l'Eglise ne néglige rien.

A l'aide des témoignages lapidaires, picturaux et par dessus tout, à l'aide des livres répétant, au fur et à mesure, les échos de la Tradition, tout cela, ces ouvrages illustrés nous le montreraient encore vivant et continué par l'Eglise Catholique. Et puis, s'élevant comme des astres rois au zénith de ce ciel magnifique, les Ordres religieux réflèteraient jusqu'à notre siècle, qui se vante d'avoir presque tout fait pour l'humanité, les lueurs d'espérance éternelle et de salut social dont l'Eglise est toujours l'immense et unique foyer.

De saint Augustin à saint Ignace, oh! l'admirable route! Un esprit droit et un cœur noble n'arriveraient point au terme de ce voyage, sans éprouver cette plénitude du contentement, que donne à la fois, aux yeux, à l'esprit et à l'âme, la vue d'un paysage idéal, lorsque l'aurore, achevant ses sourires, le soleil, le manteau constellé de diamants, éperonné, prêt à bondir en selle pour sa course en Occident, perce la nue sanglante et s'écrie, devant la terre à genoux : « Le Roi ! C'est Moi !......

Tous ceux qui ont senti la vérité catholique prendre possession de tout leur être ont eu — ils l'ont confessé eux-mêmes bien haut — le divin frémissement d'un lever de soleil. Le Christ, d'ailleurs n'a-t-il pas dit : Je suis la lumière !

Que de choses admirables les catholiques pourraient entreprendre s'ils voulaient profiter des leçons de leurs adversaires. Il faut que l'évidence nous crève les yeux, pour que nous nous décidions à quitter les vieux chemins routiniers.

Nous avons attendu plus d'un demi siècle pour créer la presse catholique populaire. Pendant que nos ennemis distribuaient des milliers de tracts et multipliaient les articles de journaux sur les questions économiques, sociales et religieuses, nous, nous en étions à gémir qu'il n'y a plus rien à faire. La conférence populaire ne date que d'hier. On a versé des flots d'encre, quand un mouvement s'est produit pour la réforme de l'éducation dans les séminaires et dans les collèges libres. Nous blâmons, et non sans raison les ouvrages d'Henri Martin, de Michelet, de Duruy ; mais avons nous essayé de les combattre autrement que par des imprécations ? Nous n'avons encore, ni une grande Histoire de l'Église qui vaille, par la méthode et l'intérêt bibliographique l'Histoire des Grecs et des Romains de Duruy ; ni une Histoire populaire de la civilisation par le Catholicisme. Nous n'avons pu fonder, malgré toutes les chances de succès, puisque chez nous, nous possédons quoiqu'on veuille prétendre, une foule d'hom- de science et de talent, une Revue, qui dirige l'opinion catholique, comme la *Revue des Deux Mondes* dirige, elle, l'opinion de nos adversaires ; rationalistes, libéraux et conservateurs de façade...

Et que d'autres choses encore que nous n'avons ni voulu, ni su entreprendre !

« Non, nous n'avons pas les mœurs de notre situation », pourrions-nous répéter, après un éminent religieux, et voilà pourquoi nous marchons sur place.

Et voilà pourquoi aussi les levers de soleil dans les âmes, ne sont point si nombreux qu'ils pourraient l'être, en ce siècle qui a amoncelé à plaisir les ténèbres !

VII

Après les ouvrages du Père de Tracy, et de Dom Du Creux sur saint Bruno, j'ai feuilleté, pour remplir les heures solitaires de la cellule, cinq à six Vies de Saints. Elles m'avaient été remises, par le Père Dom Vicaire (1), qui, durant notre séjour à Valbonne, a prodigué à mon ami et à moi, ses hautes lumières et ses affectueux conseils. Hélas ! je le dis à ma confusion, malgré la victoire de la Grâce sur la Littérature, je n'ai retiré de ces Vies, qu'un ennui profond

(1) On donne ce nom à la Chartreuse, au religieux chargé des rapports spirituels avec les étrangers, retraitants ou visiteurs. Le P. Procureur est chargé, au contraire, exclusivement du temporel. Ce sont là, les deux principaux collaborateurs du R. P. Prieur dans les relations avec le dehors. On lira avec profit, dans l'ouvrage : *La Chartreuse*

et irrité. D'abord à la Chartreuse, l'Astre Roi, le Saint, c'est Bruno. On voudrait n'entendre parler que de Lui, tant son œuvre immortelle donne à l'esprit et au cœur qui s'absorbent en elle, de délicieuses émotions. Le second sujet de mon ennui venait, en outre, du mauvais lot de Vies de Saints sur lequel j'étais tombé. Ces pages étaient vides de tout essor d'art, et de flamme mystique.

En vérité, pour faire profit de ce sec et dur biscuit, il faut une dent et un estomac de Chartreux, deux choses, je l'avoue sincèrement, que je n'ai pas. Il serait injuste cependant de trop médire de ces volumes. Ils avaient, j'y consens, çà et là, quelques miettes excellentes à grignoter ; mais l'ensemble étant de trop mauvaise digestion, ou moi peut être trop délicat, sans tarder, je fermais les livres du bon moine.

par un Chartreux, tout le chapitre sur le personnel et le gouvernement dans l'Ordre de saint Bruno. Peu d'Ordres Religieux ont dans leur administration cette discipline et cette sagesse qui assurent la stabilité. C'est par cet admirable gouvernement que la Chartreuse a mérité cet éloge, unique dans l'histoire des associations : « *Cartusia nunquam reformata, quia nunquam deformata.* » — Jamais d'abus ! Jamais de réformes !

Puis, dans le gîte cellulaire, que faire, surtout quand la forêt a des chansons toujours nouvelles à vous murmurer aux oreilles ? Ce qu'on fait en un gîte : songer.

Voici dans ses désordonnés caprices l'écheveau de ma songerie. Ce ne sont que des idées jetées au hasard de leur venue. Elles demanderaient pour avoir leur entier développement, un cadre plus vaste que ces humbles pages ; mais alors elles perdaient peut-être en naturel, en spontanéïté ce qu'elles gagneraient en profondeur. Je n'ai que faire de la profondeur, en ces impressions diverses et mobiles comme toutes les impressions. Le tout, comme le dit justement Veuillot, est de n'aborder jamais les régions de l'absurde. Je crois jusqu'ici, avoir évité ce péril, le premier de tous, dans les ouvrages de fantaisie. J'espère l'éviter encore jusqu'à la fin.

Ce ne sont pas des « pensées » mais de simples réflexions très personnelles. Me voilà donc à l'aise.

. . . .
. . . .

Le défaut de la plupart des Vies des Saints, à l'usage du public chrétien, est à la fois leur trivialité et leur caractère impersonnel. En dehors du nom du Saint et de quelques détails d'ordre très particulier, qui constituent l'histoire traditionnelle, on dirait que les auteurs, ont fait la gageure, de suivre scrupuleusement les lignes d'un même calque. A propos de telles vertus, de telles persécutions, de tels incidents historiques, les mêmes réflexions se présentent dans le même ordre et très souvent dans les mêmes termes.

C'est, en outre, une langue spéciale, d'une simplicité emphatique, pieuse, mais sans onction, et, si je ne craignais l'anathème, je dirais, pleine de ces odeurs acres et fades de sacristie, enfin mortellement ennuyeuse. Le Saint, là dedans, fait la figure qu'il peut ; et le public, grâce encore à l'imagerie et à la statuaire prétendues artistiques, finit par se représenter les héros de Jésus-Christ, comme des êtres aux formes mignònnes, aux cheveux et aux yeux de rêve, d'une pâte humaine différente de la nôtre, sans aucune vigueur des muscles et à l'abri des traits des passions...

L'hagiographie qui pourrait être un fécond apostolat, en réalité, produit peu de bien. Les réfractaires au surnaturel, ne s'intéressent que fort médiocrement à cette fausse science et à ces sèches analyses, incapables de suivre la marche triomphante de la Grâce dans une âme, et de tirer la conclusion qui convient. Ils se rebiffent, plus encore, devant les prodigieux efforts que fait l'auteur, lorsqu'il est savant, pour pulvériser les objections grandes et petites. D'un côté, c'est la trivialité, de l'autre la thèse pédante ; mais la flamme sacrée, qui révèle Dieu, qu'elle est rare en ces volumes !

La meilleure manière, en hagiographie, d'intéresser tout le monde, les chrétiens et les incrédules, en ce siècle qui veut sans doute, voir et toucher, mais qui reste toujours avide de surnaturel et de choses respirant la jeunesse de l'âme, n'est-ce pas encore, d'avoir une mise au point très nette et de représenter loyalement le Saint tel qu'il se dégage de l'opinion générale de la tradition, après le contrôle d'une sévère critique ?

Sous le feu roulant des attaques de nos adversaires, nous accusant d'ignorance, nous sommes partis en guerre, armés de tout le bric à brac scientifique : loupes, cornues, balances, marteaux et le reste. Le résultat final de cette campagne a été un amas de volumes très forts, mais qu'on ne lit guère. Nous n'avons pas su éviter l'excès.

Au lendemain de la vie de Jésus de Renan, c'a été une admirable levée de boucliers, pour rendre plus brillante encore, l'auréole de l'Homme Dieu, que le blasphémateur avait essayé de ternir. Tout le monde fut convaincu alors, que l'Église Catholique était, en ce siècle, comme d'ailleurs à tous les autres, riche de talent et de science.

Depuis, on a cru bon de suivre cette méthode de défense. Nous n'écrivons plus une ligne sans nous munir de l'attirail scientifique, au grand dommage du parfum mystique, qui souvent s'évapore à à travers le crible de la Haute Critique. Parfois lorsqu'on sort de ces lectures, on éprouve le besoin d'aller au grand air, regarder le ciel et écouter les oiseaux, le long des haies. La physionomie du Christ, dans toutes ces discussions, où les textes et les contextes font l'effet de cassures sur la toile, rompant ainsi l'harmonie des lignes du tableau, la physionomie du Christ, dis-je, perd et de son éclat et de sa douceur attractive. Le Dieu me semble moins Dieu, et l'Homme moins homme, regardé ainsi à travers ces instruments, dont l'un infirme souvent la précision de l'autre.

Prenez alors l'Évangile, le verbe de Dieu, tel qu'il est sorti de la bouche de Jésus, tout de suite c'est un charme infini, qui berce tout l'être ; on dirait que cette lecture est une nouveauté, tant sa sublime simplicité ouvre à l'âme et à l'esprit de radieux horizons !

Depuis des années déjà, les polémiques se succèdent pour savoir d'une façon précise, si eu égard, aux nécessités présentes, et à l'état intellectuel de la génération contemporaine, l'Apologétique doit rester « traditionnelle » ou devenir « scientifique ». Les esprits s'échauffent, et de temps à autre, comme la question est éminemment épineuse, on serait enclin à se croire aux beaux jours de ces querelles de géants, où Molinistes et Thomistes s'anathématisaient à plaisir. Chaque siècle d'ailleurs, a vu ainsi de ces verbeuses discussions, d'où, hélas, la lumière n'est point sortie. La Littérature seule a gagné à ces brillants tournois. Peut-être qu'au sujet de la « crise de l'Apologétique » — ce vocable de « crise » n'est point de moi, je vous l'assure — nous verrons surgir des livres convertisseurs.

Quoi qu'il en soit, d'aucuns prétendent nous démontrer la Religion et ses mystères, avec la fulgurante évidence d'un théorême de géométrie. Déjà, des livres ont paru, signés de noms rayonnants, qui semblent taxer l'Apologétique traditionnelle d'impuissance à fournir à l'esprit contemporain les preuves objectives de la réalité de la Révélation, et aussi les preuves internes qui constituent la préparation subjective de l'âme, à l'acte de foi.

Certes, dans les travaux de défense religieuse du dix neuvième siècle, il y a eu des lacunes, soit dans la méthode d'exposition, soit même dans la doctrine, et en outre, souvent un dédain superbe pour les progrès scientifiques. Personne sérieusement, n'a jamais songé que le *Génie du Christianisme*, les *Conférences* de Frayssinous, ou même, les *Conférences* magnifiques de Lacordaire, fussent des arguments irréfragables contre les objections des incrédules. Mais l'Apologétique n'est pas que là dedans ; et le reproche qu'on lui fait, d'un seul bond, va frapper les grands esprits qui à tous les siècles, surtout au moyen-âge, ont généreusement et victorieusement défendu l'Église. Avec toutes ces théories, c'est tout simplement le sens philosophique qu'on leur refuse ou du moins qu'on leur amoindrit. Comme si Kant était le père du sens philosophique !

Le sens philosophique, en voilà une bourde énorme ! Ils sont très rares, nos contemporains, chez qui le doute est une torture. Ils s'amusent, « et se jouent, dit Jules Lemaître, dans un scepticisme curieux et parfaitement tranquille. » A l'occasion, ils lisent une page de Renan et de Taine, mais c'est par pose, et aussi pour étayer un peu leur irréligion. Qui sait, après tout, si en un temps, où elle mène à tout, leur irréligion n'est point la « pose » suprême ?

Quant à la classe pensante, elle a tout lu de nos auteurs. Souvent elle les connaît mieux que nous, comme par exemple, ce Jules Simon qui a des chapitres étonnants sur la Grâce ; mais en dernière analyse, ces penseurs ne veulent jamais avouer le « trou » de leur esprit. Et je crains bien que l'Apologétique moderne, malgré ses risettes au « sens philosophique, » ne produise jamais dans l'âme les fruits d'une page de l'Évangile, lue d'un cœur soumis.

Tout homme qui essaie de percer, avec l'œil de sa raison le nuage du Mystère, court souvent le péril de s'arrêter en chemin, pour chanter l'hymne du Dieu impersonnel, du Dieu universel, ou du Néant. Ne pensez-vous pas que des hommes comme Saint Augustin, Saint Thomas, Bossuet, pour ne citer que les soleils, ne soient venus souvent aux bords de ces falaises, où la raison est troublée par l'étrange et effroyable tempête de cette mer, qui gronde là-bas dans l'inconnu du présent et de l'au-de-là ? Mais ceux-là ont tout de suite reconnu le danger de courir sur ces hauteurs, et ils sont revenus en arrière, élargissant par cet acte d'humilité, sans cesse renouvelé après chaque expérience, les horizons de leur esprit.

De la science, beaucoup de science ! Voilà la devise de tout le monde à notre époque. C'est très bien. Mais encore un coup, évitons l'excès. Montrons à nos ennemis que nous avons lu Kant et les autres, et que nous avons, nous aussi le « sens philosophique » trésor dont les Normaliens et les membres de l'Institut ne sont pas, je pense les uniques possesseurs. Prouvons, à propos de tout, s'il le faut, — l'arrogance de certains, souvent le demande — que l'Église est l'asile de toute science et n'a peur d'aucune lumière ni d'aucune arme de précision ; mais cela fait, plaçons au frontispice, bien en évidence, de toutes nos œuvres de défense religieuse la petite phrase du catéchisme, qui humilie les superbes et donne aux humbles toute paix : « La foi est un don de Dieu : »

J'ai connu un médecin de l'armée qui me disait : « Vous me prouveriez par l'évidence même, toutes les vérités de l'Eglise, que je ne démordrais point de ma négation. » Beaucoup de nos adversaires en sont là.

Jules Lemaître dans son exquise étude sur Louis Veuillot, après avoir constaté que toute la gloire du grand catholique et du célèbre écrivain, lui vient de sa foi robuste, ne cherche-t-il pas, en une sorte de confession publique, où son âme laisse parfois deviner ses remords, à prouver qu'il est bon pour lui de ne plus croire. « Vous êtes seul logique, dit-il à Veuillot. » Et après cet hommage, qui est une larme de son âme il essaie de la méthode des « mais » et des « pourquoi », dans l'espoir d'être enfin en repos avec cette logique là, terriblement gênante pour un boulevardier qui a tant d'esprit... Alors, d'un cœur léger il « n'hésite pas à s'appauvrir de Dieu , » selon une expression superbe du grand écrivain qu'il admire ! (1)

(1) L. Veuillot a écrit dans l'*Avant-Propos* de la *Vie de Jésus-Christ* ces paroles splendides qui confirment et achèvent pleinement tout ce qui précède : « Sans doute, l'on répond admirablement à tout ce que disent les négateurs ; mais puisque leur art suprême est d'ignorer et de faire ignorer, l'essentiel serait de répondre surtout à ce qu'ils ne disent pas. C'est invariablement ce que l'on oublie. »

« La clémente sagesse de Jésus-Christ n'a laissé à la merci des sophistes ni les sources de la raison ni les bases de la foi. Elle a prévu toutes les faiblesses du cœur et de l'esprit de l'homme, et leur a préparé un secours victorieux. Il ne faut pas courir tant de pays, ramasser tant de langues mortes, tant d'histoire, tant de physique et de philosophie, pour connaître avec certitude Celui qui a voulu la foi et l'amour des petits et des ignorants. Le pain de vie est facile à trouver comme le pain matériel, aux mêmes conditions. Un simple fidèle, un homme du monde, pourvu qu'il ait étudié quelque livres faciles et écouté quelques instructions, peut rendre compte de sa foi, bien mieux que les « savants » prétendus incrédules ne sont en état de rendre compte de leur incrédulité. L'Evangile y suffit... Chez ces savants adversaires du Christ, ce qui éclate le plus, c'est la volonté d'ignorer. Ils sont impies, ils ne sont pas véritablement incroyants ! Que d'application à fermer les yeux ! que de ruses viles pour épaissir la nuit ! et lorsqu'enfin l'évidence les contraint de hurler la négation, quel délire, équivalent aux actes de foi les plus formels. — *Vie de Jésus-Christ. Avant-Propos. Passim.*

Je crois donc, je le répète, que l'excès scientifique, principalement dans l'hagiographie, tournera, si, je puis m'exprimer de la sorte, au détriment de la bonne réputation des Saints. C'est une pente bien glissante, que celle de la science. N'avons-nous pas vu des auteurs catholiques, s'en prendre au surnaturel de sainte Thérèse, avec l'ardeur des élèves de Charcot? Oui, nous avons chez nous des Vandales, en train de vider nos reliquaires et nos niches.

Evidemment la saine critique doit faire bonne et prompte justice des contes de fée, mais de là, à ce travail de démolisseurs qui en met en liesse les petits Renans et les petits Berthelots, et scandalise, en outre, les vrais croyants, il y a loin ! Nous lisons dans le Bréviaire et dans les grands Bollandistes le récit de certaines légendes aimées du peuple, et parfaitement acceptables d'un chrétien, puisque le miracle en fait le fond et que l'Eglise les conserve avec soin ; n'importe, nos trop savants ramassent cela, en font un paquet, et l'envoient au chiffonnier.

L'heure est donc critique pour l'hagiographie qui flotte ainsi du style « Rococo » au style « Empire. » Au demeurant, c'est encore le style « Roçoco » qui mérite davantage l'anathème, car pour peu qu'on veuille y réfléchir, l'esprit chrétien court grand danger, en cette littérature aussi fausse et aussi fade que celle des mois de Marie.

A la longue, le véritable parfum de l'Evangile se corrompt et s'évapore sans pénétrer et vivifier les âmes. Les Saints qui dans le plan divin, sont le reflet radieux du cœur de Jésus-Christ et le puissant aimant qui doit attirer à Lui les hommes. finissent par constituer chacun dans sa sphère, une sorte d'Evangile spécial, exclusivement en rapport avec les goûts et les besoins d'une catégorie. On a son petit catalogue de Saints, composé avec un soin jaloux et en dehors de celui-là, on n'en veut point connaître d'autre. Ainsi l'exigent la mode et l'engouement qui règlent les courants de la piété. Dans le Saint, on voit moins le modèle sur lequel on doit régler sa vie, que le patron, le bienfaiteur, la panacée universelle qui guérit tous les maux du corps et de l'âme. L'amour de la vie et de ses aises, trouve ainsi, dans cette dévotion utilitaire, sa plus légitime excuse. Recevoir et donner si peu n'est-ce pas, que la dévotion aux Saints, dans ces conditions est facile et aimable ?

Sans doute, la Providence à certains moments, permet que l'intercession d'un Saint soit plus évidente et s'exerce en vue du salut des âmes d'une éclatante façon ; telle est, de nos jours, la prodigieuse dévotion à saint Antoine de Padoue : dévotion éminemment sociale. Et bien, ce bon et admirable Saint est en train, pour une foule de gens, de remplacer le Bon-Dieu, la Sainte Vierge et tous les Saints ensemble. Cela paraît un scandaleux paradoxe, mais tout de même, cela est. L'humanité dans son désir éperdu de bonheur, se rue, c'est le mot, aux pieds de saint Antoine. Quant à la charité aux pauvres, principe de cette dévotion, et à la nécessité de se donner davantage à Dieu, par la vue claire de sa bonté se révélant par l'intermédiaire de saint Antoine, tout cela, l'a-t on toujours présent à l'esprit? On veut à tout prix, le sourire de saint Antoine et presque toujours, l'imagination aidant, on l'obtient. Que de choses on lui demande, que Dieu ne doit pas accorder, et qu'on obtient tout de même !...

Dans toutes les Églises, saint Antoine a sa chapelle ou tout au moins sa statue, et souvent les personnes qui viennent le prier, n'ont pas même une génuflexion pour le Tabernacle. Dans un couvent de religieuses, je sais, tout à côté de la chapelle, une salle admirablement décorée où saint Antoine a son autel toujours en fleurs et en flammes. Tout le jour, cette bonbonnière charmante, pleine d'odeurs distinguées, ne désemplit pas. Et à côté, la porte qui conduit à la chapelle, ne s'ouvre jamais. Sans les élèves et leurs maîtresses qui régulièrement viennent adorer, cette nef semblerait un désert. On n'entend que le tic tac de la pendule, et là bas derrière le tambour, l'incessant frou-frou qui tourbillonne auprès de saint Antoine. En vérité, est-ce là, la vraie piété catholique ?

Ce n'est pas tout, on élève autel contre autel. Mon ami me parlait l'autre jour d'une ville où trois communautés luttent entr'elles d'influence, au moyen d'une dévotion spéciale, établie dans leurs chapelles. Chez l'une, c'est saint Antoine, chez l'autre le saint Enfant Jésus de Prague ; la troisième recommande saint Expédit. Il y a au sujet de ces dévotions des scènes impayables.

A Lyon, on m'a cité des Églises, où saint Antoine n'a pu avoir sa statue, saint Expédit seul y est l'intermédiaire infaillible des grâces. Devant son autel c'est un amoncèlement de bouquets, et un brasier de cierges. Pendant un long quart d'heure j'ai observé le mouvement de la foule. On prenait de l'eau bénite, et tout de suite c'était un essor vers la statue du miracle, sans un regard vers le sanctuaire, et sans au départ une visite à la Madone. Presque toujours le même sans gêne dans l'allure, et sur les traits du visage l'ardeur folle de la confiance inébranlable. Bien rares étaient les chrétiens, qui avant de recourir à l'intercession du Saint, s'abîmaient dans l'adoration de l'Hôte du Tabernacle. Je partis bientôt en maugréant contre tous ces simulacres de piété et cette ineptie dans la bonne foi.

Que pensez-vous encore de cette conversation, suggestive entre toutes, pour parler selon la mode, que j'entendis dernièrement dans une famille de robuste constitution chrétienne. C'étaient deux dames en quête d'un appartement. L'une se désolait de ses inutiles recherches chez les concierges de quartier.

— Eh bien, Madame, lui disait l'autre, si vous m'en

croyez, adressez-vous à saint Expédit. Il est étonnant, ce Saint. Moi, j'ai toujours recours à lui pour la moindre chose ! Oh ! priez saint Expédit !

— Et saint Antoine ? Moi, j'ai souvent obtenu de grandes grâces par l'intercession de cet aimable Saint.

— Oh ! ne m'en parlez plus. Nous sommes fâchés. Depuis six mois, il ne m'accorde rien. Et puis, il passe de mode. Saint Expédit, c'est mieux porté ! C'est plus chic ! Saint Expédit, oh ! le joli nom ! Comme çà dit bien la chose ! —

Huit jours après, l'appartement était trouvé. Depuis lors, saint Expédit a sa statuette dans la maison, et Madame et ses enfants ont à leur chapelet des médailles de ce concurrent de saint Antoine.

Nous devons hautement protester contre ces tendances. La dévotion aux Saints, considérée et pratiquée de cette sorte, est contraire, sans nul doute, à l'esprit de l'Eglise, et par conséquent condamnable. Ce n'est pas ainsi qu'on honore les Saints, ni à la

Chartreuse et dans tous les ordres religieux, ni dans les Séminaires, petits et grands. Là, à la connaissance des vertus, s'ajoute le plus vif amour, mais en de si parfaites proportions, qu'il n'y a jamais la plus petite confusion entre les cultes de latrie, d'hyperdulie et de dulie. Quoi de plus touchant que la tendre dévotion dont on entoure la sainte Vierge, à Saint-Sulpice ! Il y a presque de la familiarité dans ces rapports de la Mère et des jeunes clers ! Marie est la confidente, la conseillère, l'arbître, mais toujours on regarde son Fils entre ses bras, et ainsi le sentiment des distances à garder vis-à-vis de Dieu et de la Vierge Mère, évite toute outrance. Là, un protestant serait mal venu de bégayer son ordinaire objection : « Les catholiques adorent les Saints et la sainte Vierge ! »

Dans le monde, souvent l'objection du protestant semblerait plus à propos. Certes nos catholiques y répondraient victorieusement par le texte du catéchisme, mais à la fin, peut-être seraient-ils embarrassés dans l'explication de leur manière de prier les Saints. Oui, en vérité, que doivent penser nos ennemis, du moins ceux qui ont les yeux sur nous, de ce «*record*» d'un nouveau genre, entre saint Antoine et saint Expédit et de bien d'autres aussi bizarres ?

Nous sommes en un temps, ou moins que jamais, il n'est permis aux catholiques de se couvrir de ridicule ; et avouons-le simplement, nous le sommes en de scandaleuses proportions, lorsque nous bornons notre religion, aux seules pratiques extérieures, mal comprises et mal faites. Toute pratique est une vibration de l'âme, au toucher si délicat de la grâce. C'est un besoin invincible de crier au Ciel, nos douleurs et nos joies, nos espérances et nos angoisses. L'Église le sait ; de là, les beautés ineffables et pacifiantes de sa liturgie et les splendeurs si humaines de ses temples. Mais l'Église n'a pas seulement en vue, comme certains rhéteurs le proclament, la satisfaction du cœur ou sa distraction, en le berçant de sa « vieille chanson ». Elle veut posséder l'âme humaine toute entière et par la conquête divine de ses sens, lui donner ensuite une plus grande somme de vérité. Toute pratique individuelle ou générale, ne saurait être conforme à l'esprit de l'Église qui l'établit ou l'autorise, que si elle se traduit pour le fidèle en un accroissement de vie surnaturelle. Que m'importent vos prières infinies, si vous restez méchant, sensuel, d'humeur bizarre ? à quoi bon, vos neuvaines si vous êtes incapable d'un sacrifice d'ordre social ? — J'aime assez ces viriles paroles de Monseigneur Ireland, solide bouclier derrière lequel je tiens à abriter mes petites audaces.

« L'Eglise est appelée aujourd'hui à faire porter davantage son action sur l'ordre naturel. Dieu me garde — on voudrait peut-être m'en soupçonner — de désirer que nous détournions, ne fut-ce qu'un instant, notre attention du côté surnaturel ; c'est dans l'intérêt même de la cause surnaturelle que je parle. C'est avec les vertus naturelles pratiquées dans toute la droiture du cœur et de l'esprit, qu'on fait les vertus surnaturelles. Chaque siècle a son idéal en fait de perfection chrétienne. Tantôt c'est le martyre, tantôt l'humilité du cloître. Aujourd'hui il nous faut l'homme d'honneur chrétien et le citoyen chrétien. Que les catholiques donnent l'exemple d'un vote honnête et d'une bonne tenue sociale ; ils feront plus pour la gloire de Dieu et le salut des âmes que s'ils se flagellaient la nuit, ou s'en allaient en pèlerinage à Saint-Jacques-de-Compostelle. »

.... « Un bon vieux prêtre, qui disait fort bien son chapelet, mais n'avait pas son pareil pour faire le vide autour de sa chaire, critiquait un jour devant moi le Père Hecker comme ayant, disait-il, trop de confiance dans l'homme, et pas assez en Dieu. La piété du Père Hecker, son assiduité à la prière, ses habitudes d'abnégation, le garantissent assez contre le reproche d'avoir manqué de confiance en Dieu. Mais mon vieux prêtre — et c'est par dizaines de mille qu'il compte aujourd'hui, soit en Europe, soit en Amérique, des imitateurs — mon vieux prêtre avait une étonnante aptitude à voir dans toute exercice de l'énergie humaine un manque d'égards envers la Providence. »

— « Nous nous appuyons souvent sur Dieu bien plus que Dieu ne le désire, et il y a des cas où une neuvaine est un bon refuge pour la mollesse et le défaut de courage. Dieu nous a confié des talents naturels ; ce n'est jamais avec sa permission que nous les enfermons dans le coin d'un mouchoir. Il ne va pas faire un miracle pour compenser notre insuffisance. Il faut agir comme si tout dépendait de nous, et prier comme si tout dépendait de Dieu. »

— « Dernièrement un spirituel écrivain français nous dépeignait quelques hommes politiques de son pays, agenouillés dans une pieuse retraite, alors que leur présence à la Chambre était nécessaire pour faire front à l'ennemi. Le catholique du XIXe siècle est, dans le monde entier, bien trop tranquille, bien trop résigné à ce qu'il appelle la volonté de Dieu ; ce qu'il sait le mieux faire, c'est attribuer à Dieu même les effets de sa propre indolence et de sa propre timidité (1). »

Ces admirables paroles semblent s'éloigner de mon sujet, mais en réalité, elles le corroborent puissamment, et j'aime à penser que mes lecteurs ne se plaindront point de la longueur de la citation. Au milieu des ténèbres de l'heure, on aime voir briller les feux de l'aurore libératrice. Oh ! la belle formule ! « Agir comme si tout dépendait de nous, prier comme si tout dépendait de Dieu ! »

Tout ce que j'ai écrit précédemment, au hasard de la réflexion qui guidait ma plume, n'est-il pas vrai

(1) Le Père Hecker, fondateur des Paulistes Américains (1819-1888) par le Père Elliot, de la même compagnie. Introduction par Mgr Ireland. Préface de l'abbé Klein. Chez Lecoffre.

que tout esprit sérieux le pense et le déplore ? Oui, il est nécessaire qu'une réaction s'opère en ceci, comme en bien d'autres choses. Nous ne sommes plus guère au temps, où en France, le ridicule, était le meilleur bourreau. Peut-être est-ce même le ridicule qui chez nous est la chose la plus vivace. Il y paraît à tant de coutumes qui sont le grotesque incarné et devant lesquelles tout le monde est chapeau bas.

Oui, j'y reviens, il est bon qu'une réaction s'opère en faveur de la saine dévotion. Nous devons faire connaître, aimer et prier les Saints, mais sans perdre un instant de vue qu'ils sont peut-être plus encore nos modèles que nos bienfaiteurs. Si nous essayons de raconter leurs luttes et leurs victoires surnaturelles, laissons-nous guider, non seulement par le louable motif d'écrire un édifiant récit, mais par celui de faire germer dans le cœur de tous nos lecteurs la volonté ferme d'obéir à l'Évangile.

A Dieu ne plaise que je veuille toutefois prétendre que nous n'avons pas d'excellentes Vies de Saints ?

Je n'ignore pas qu'à côté de cette hagiographie sans âme et sans talent, il y en a une autre qui mérite tous les éloges. Qui saura jamais les fruits de piété solide et tendre qu'a retirés une multitude d'âmes des Vies de sainte Elisabeth, par M. de Montalembert; de saint François de Sales, par M. l'abbé Hamon; de sainte Chantal, par Mgr Bougaud; de sainte Thérèse, par une Carmélite; de la Vénérable Mère Barat, par Mgr Baunard, et d'une quinzaine d'autres.

C'est relativement peu, eu égard à l'énorme production hagiographique et aux admirables travaux des Bollandistes, à cette heure presque achevés, et source inépuisable autant que sûre de tous les documents. Mais pour l'avenir, il est permis de compter sur une ample et belle moisson de Vies de Saints. Il y a, depuis quelques années, un puissant mouvement en ce sens, et c'est avec la satisfaction la plus vive, que les amis des Saints ont appris qu'une brillante réunion d'écrivains et de savants chrétiens a commencé une publication hagiographique, destinée non seulement à édifier, mais encore à montrer quel facteur puissant la Sainteté à introduit dans l'Histoire (1).

(1) Chacune des Vies formera un élégant petit volume in-12, sortant des presses de la maison Didot. Les princi-

Les premiers volumes déjà publiés n'ont pas, on s'en doute bien un peu, la saveur du *Saint François de Sales*, de M. Hamon; mais sous leur écorce parfois rude, il y a beaucoup de sève. Le tout est de savoir lire. C'est vraiment avec ce sérieux et ce souci d'édification sociale qu'il faut traiter ces sujets, quand on s'adresse au grand public. Vous verrez quelles jolies, savoureuses et substantielles pages nous lirons, quand M. Henri Joly, M. Goyau, M. Fonsegrive et quelques autres, tiendront la plume!...

Comme complément à toutes ces réflexions, je vais dire, pour certains de mes lecteurs, une énormité, mais qu'on me permette de m'entendre jusqu'au bout, avant de me condamner. Voici : De tous les écrivains contemporains, Huysmans, me semble avoir reçu, au plus haut degré, tout ce qu'il faut pour devenir un maître en hagiographie.

paux collaborateurs sont MM. Henri Joly, Paul Allard, prince de Broglie, Henri Cochin, Costa de Beauregard, George Fonsegrive, Léon Gautier, Georges Goyau, abbé Klein, André Pératé, Comte d'Haussonville, etc., etc.

L'éditeur est la maison Lecoffre. Cette publication paraît sous ce nom : *Les Saints*.

Oui, Huysmans pourrait parler des Saints à merveille et les faire aimer. Expliquons-nous vite. Avant d'aborder ces régions sereines, il lui faudrait résolùment et pour toujours renoncer, non à l'originalité de sa manière, ça, qu'il le garde, c'est son meilleur bien, mais à sa langue verte, à ses rigaudons de mardi gras où la chasuble se couronne d'un bonnet de pierrot, à ses poses d'âme, à tout ce bric-à-bric de vieux garçon, dont il meuble a plaisir chacun de ses livres, enfin, à cette recherche outrée d'un art, que Lemaître, avec raison, appelle « artificiel » et dont l'objet est plutôt l'ébranlement sensuels des nerfs que la victoire pacifique sur les nobles facultés de l'âme, ce qui lui fait décrire avec le même luxe de détails, la décomposition du cadavre dans la bière, au moment du service religieux, et la radieuse scène d'une prise de voile... ..

Lorsque Huysmans définitivement le vaincu du Christ, aura dans ses livres la chasteté de l'idée et du mot, lorsque surtout, d'une larme du cœur, il effacera le péché de dix ans de littérature qui mériterait bien plus les arrêts du Code pénal que ceux de la Critique, alors seulement, cet homme écrira des choses étonnantes et souverainement belles...

Je l'ai apporté ce volume d'*En Route*, en cette solitude. Il est là, sur ma table de bois blanc, à côté de l'Évangile et d'autres volumes célestes, ce livre étrange, bizarre, sodique, sublime, plein de clartés et d'ombres. Je l'ai de nouveau parcouru, mais pour revoir seulement les passages de lumière. Le reste, j'en pleure, comme d'un outrage à la pudeur de l'âme régénérée par la grâce — ne s'agit-il pas ici d'une conversion ? — et je partage pleinement l'indignation amère de M. l'abbé Delfour, en son ouvrage de haute critique chrétienne : *La Religion des Contemporains* (1). Oui, quand on revient à la foi, le premier devoir n'est-il pas d'anéantir autant que possible le passé, ensuite, on révèle le changement survenu, par un verbe humble, chaste et juste. Les confessions publiques ne sont bonnes et utiles que dans ces conditions.

(1) On a reproché vivement à l'éminent critique ce chapitre sur Huysmans. On a eu tort. Le blâme ici, ne fait aucun tort à l'éloge. Après tout Huysmans avait été impitoyable à l'égard du clergé séculier. Il était bon de prouver hautement l'injustice de ses attaques non moins que le grotesque achevé de certains jugements. Monsieur l'abbé Delfour nous a bien vengés.

Et cependant, peut-être qu'après tout, il est sincère, Huysmans, aussi sincère, dans l'état d'âme de Durtal, que dans celui de Des Essaintes. Nos chemins de Damas, en ce siècle, s'éclairent des lueurs les plus inattendues. Le boulevard mène à tout, à la Trappe comme à la Seine. Ne nous étonnons de rien ; mais ne soyons pas « gôbeurs ».

De tous côtés on répète volontiers, que ce fort en thème de l'École Réaliste, est loyal dans l'étalage de ses turpitudes de *Là-Bas*, comme dans ses incohérences souvent splendides d'*En Route*, et que ses *mea culpa* libertins sont d'un vrai chrétien. Puisque on le veut, je le crois : Huysmans est catholique, et désormais il va à l'Église non plus, en voluptueux amateur des mélodies grégoriennes, mais comme tous les fidèles, « pour rendre à Dieu l'hommage qui lui est dû. » Il a même un confesseur et celui-ci, j'en conviens, sait sa théologie, et possède la largeur d'esprit et la bonté d'âme, nécessaires en ces cas-là. Toutefois, si le nouveau volume d'Huysmans, qu'on annonce pour bientôt a les écarts d'*En Route* avec plus encore d'envolées mystiques, je vous l'avoue simplement, je ne voudrais pas être le confesseur de ce converti nouvelle manière.....

Mais si Huysmans, tout en restant la puissante et étrange personnalité littéraire qu'il est, cesse son métier «d'égoutier d'âme», je lui promet de la gloire, et de la vraie cette fois. Oh ! alors qu'il ferme la Mystique de Gœrres, qu'il sait suffisamment ; qu'il ouvre les Bollandistes et qu'il nous fasse une vie de Saint....

Lorsqu'on a écrit au burin des pages, comme la description du *Salve Regina* à la Trappe, c'est sans contredit, qu'on a reçu de Dieu le pouvoir d'écarter un voile des parvis du ciel, pour contempler les Saints, prier. Je veux ici la transcrire toute entière cette page splendide ; aussi bien dans ma gerbe de la Chartreuse, formera-t-elle, un des plus beaux épis.

Huysmans assiste le soir, au *Salve Regina*, chanté à la Trappe par toute la communauté. Voici comment il traduit l'émotion de son âme, devant ce spectacle d'éternité :

— « Et subitement tous se levèrent, et, dans un immense cri le « Salve Regina » ébranla les voûtes.

« Chanté sans accompagnement, sans soutien d'orgue, par des voix indifférentes à elles mêmes et fondues en une seule, mâle et profonde, il montait en une tranquille audace, s'exhaussait en un irrésistible essor vers la Vierge, puis il faisait comme un retour sur lui-même et son assurance diminuait ; il avançait plus tremblant, mais si différent, si humble qu'il se sentait pardonné et osait alors, dans des appels éperdus, réclamer les délices immérités d'un ciel.

« Il était le triomphe avéré des neumes, de ces répétitions de notes sur la même syllabe, sur le même mot, que l'Eglise inventa pour peindre l'excès de cette joie intérieure ou de cette détresse interne que les paroles ne peuvent rendre ; et c'était une poussée, une sortie d'âme s'échappant dans les voix passionnées qu'exhalaient ces corps debout et frémissants de moines.

« Durtal suivait sur son paroissien cette œuvre au texte si court et au chant si long ; à l'écouter, à la lire avec recueillement, cette magnifique exoration paraissait se décomposer en son ensemble, représenter trois états différents d'âme, signifier la triple phase de l'humanité, pendant sa jeunesse, sa maturité et son déclin ; elle était en un mot, l'essentiel résumé de la prière à tous les âges.

« C'était d'abord les cantiques d'exultation, le salut joyeux de l'être encore petit, balbutiant des caresses respectueuses, choyant avec ces mots de douceur, avec des cajoleries d'enfant qui cherche à amadouer sa mère ; c'était le — « Salve Regina, Mater misericordiæ, vita, dulcedo et spes nostra, salve. » — Puis cette âme, si candide, si simplement heureuse, avait grandi et connaissait déjà les défaites volontaires de la pensée, les déchets répétés des fautes, elle joignait les mains et demandait en sanglotant, une aide. Elle n'adorait plus en souriant, mais en pleurant ; c'était le — « Ad te clamamus exsules filii Hevæ ; ad te suspiramus gementes et flentes in hac lacrymarum valle »,

— Enfin la vieillesse était venue, l'âme gisait, tourmentée par le souvenir des avis négligés, par le regret des grâces perdues ; et devenue plus craintive, plus faible, elle s'épouvantait devant sa délivrance, devant la destruction de sa prison charnelle qu'elle sentait proche ; et alors elle songeait à l'éternelle invitation de ceux que le juge damne et elle implorait, à genoux, l'Avocate de la terre, la Consule du ciel ; c'était le — « Eia ergo Advocata nostra, illos tuos misericordes oculos ad nos converte et Jesum benedictum fructum ventris tui nobis post hoc exilium ostende. » —

« Et à cette essence de prière que prépara Pierre de Compostelle ou Hermann Contract, saint Bernard, dans un accès d'hyperdulie, ajoutait les trois invocations de la fin : « O clemens ! O pia ! O dulcis Virgo Maria ! » scellait l'inimitable prose comme avec un triple sceau, par ces trois cris d'amour qui ramenaient l'hymne à l'adoration câline de son début.

« Cela devient inouï, se dit Durtol, lorsque les trappistes chantèrent ces doux et pressants appels ; les neumes se prolongeaient sur les O, qui passaient par toutes les couleurs de l'âme, par tout le registre des sons ; et ces interjections résumaient encore dans cette série de notes qui les enrôbait, le recensement de l'âme humaine qui récapitulait le corps entier de l'hymne.

« Et brusquement sur le mot « Maria », sur le cri glorieux du nom, le chant tomba, les cierges s'éteignirent, les moines s'affaissèrent sur leurs genoux ; un silence de mort plana sur la chapelle. Et, lentement, les cloches tintèrent et l'Angelus effeuilla, sous les voûtes, les pétales espacés de ses sons blancs.

« Tous, maintenant prosternés, le visage dans les mains, priaient et cela depuis longtemps ; enfin, le bruit de la cliquette retentit ; tout le monde se leva, salua l'autel, et, en une muette théorie, les moines disparurent par la porte percée dans la rotonde. »

— Je ne veux pas ajouter un mot de commentaire à cette description, dans la crainte de faire évaporer ce suave parfum du ciel.

N'avais-je pas raison de dire que cette homme-là était destiné à tout autre chose, qu'à nous raconter ses ennuis et ses dégoûts, ses migraines et ses fatigues d'estomac ?

VIII

Le grand intérêt d'un voyage à la Chartreuse est à mon avis, dans le dédoublement incessant de l'être. On se voit admirablement dans le présent et dans le passé, et c'est une exquise sensation que ces reflets de l'âme d'aujourd'hui sur l'âme d'hier, pendant que demain semble s'éclairer de teintes inconnues.

On n'est plus dans le tumulte humain, partant, le jouet des mille et une impressions quotidiennes, qui, comme des flots, glissent sans trêve sur l'âme, sans pouvoir jamais la fixer; et cependant, tout en savourant la solitude, à l'égal presque d'un Andante de Mozart, on perçoit toujours la bruyante rumeur de la bataille humaine et le cliquetis des armes; on suit avec plus d'attention que jamais les ordres des chefs et la marche des troupes, en un mot on est sur la montagne et au-dessous les armées, dans lesquelles on a sa place marquée, évoluent.

La position est de tous points admirable pour juger du résultat des opérations et de la valeur des combattants, et de leurs fautes aussi. Les jugements que l'on porte alors sont, plus que partout ailleurs dépouillés de partialité. En outre les airs de matamore sont inconnus de la cellule et des sentiers solitaires de la forêt cartusienne puisqu'on est sans miroir!

Que dis-je? on ne juge point, on pense, et je donne à ce mot penser, son sens le plus clair et le plus précis. L'esprit s'applique à mettre les choses dans la lumière surnaturelle, afin d'avoir ensuite un jugement formulé selon la vérité. Tout homme qui va à la Chartreuse, à la Trappe, ou dans un monastère quelconque doit commencer par s'éclairer l'âme de cette façon, et s'il fait bien la chose, il n'a pas toujours à se vanter de ce qu'il découvre en certains coins ténébreux, réfractaires aux rayons Rœtngen les plus puissants... Alors après avoir apporté le jour surnaturel en soi, rien n'empêche d'en utiliser les reflets pour regarder en dehors.

Ainsi la solitude est la source de toute vérité divine, personnelle, sociale ; et j'en conclus qu'il n'y a au monde,aucun lieu plus propice pour connaitre ce fameux devoir, terrible sphinx dont un grand nombre de gens, fuient la seule présence, dans la crainte qu'il livre son secret avant qu'on ne l'interroge. A toutes les époques où les volontés faiblissent il y a ainsi de somptueux adages qui se promènent de par le monde, à la plus grande consolation des poseurs, des phraseurs et des... lâchons le mot, dormeurs. *Opium facit dormire!!*

— J'avais vingt quatre ans ; je sortais du grand séminaire avec toutes les ardeurs de la jeunesse et du zèle ; j'avais lu de beaux livres et écouté de doctes leçons ; on m'avait dit : Sois un ouvrier actif, sérieux, vigilant ! Des sages m'ont arrêté avec ce mot : Prudence ! On m'avait dit : Le peuple est notre ennemi ; la presse, l'école, l'atelier, nous ont ravi son cœur, va à lui, l'Eglise est démocratique, ses apôtres sont des enfants du peuple... Des sages m'ont répondu : Baptise, confesse ceux qui viendront à ton tribunal, prêche à ton troupeau de plus en plus restreint l'aimable et accommodant Evangile « du moins possible » accomplis toutes les autres fonctions de ton ministère, l'esprit tranquille au milieu de tes paroissiens qui ont encore l'amour de la Religion ; prie pour les autres, ne sors pas des méthodes connues, tu te ferais des histoires, on te regarderait comme un novateur dangereux ; que sais-je encore ?

On m'avait dit : L'heure est mauvaise ; mais nous sortirons de ce bourbier, garde ta flamme pour les combats de demain ! »... Et autour de moi, j'ai vu des visages heureux, des gens éteints, sans idéal, plongés dans la morne platitude d'un bien être aimé... des luttes atroces et basses pour les vaines distinctions, des calculs ambitieux, des rancunes terribles, une pléthore de vanité à faire trembler ; et brochant sur le tout de l'amabilité... mais pas de cœur ! oui pas de cœur !

Et un jour, mes oreilles de vingt-huit ans, entendirent un mot qui me fit encore plus de mal que cette révélation soudaine d'un état de choses que j'étais loin de croire tel. C'était dans une réunion ecclésiastique ; des jeunes s'échauffaient à propos de l'inertie des catholiques au temps présent ; on proposait des moyens d'apostolat ; un sage, un de ceux-là qui font figure, nous jeta au visage ce glaçon : « Jeunes gens, dans dix ans vous mettrez de l'eau dans votre vin, j'en ai mis, moi ! l'intelligence, en ce moment, c'est l'habileté. L'Eglise est immortelle, donc n'ayez pas peur ; contenez vos ardeurs ; soyez habiles, ayez du zèle, mais un zèle à la mesure de l'habileté, et dans vingt ans, et même moins, vous aurez les premières places ! » Et voilà.

Je pense à tout ceci, en cette solitude, et j'ai encore froid à l'âme à l'écho de ce souvenir. Pourquoi se fait-il, ô mon Dieu, que nous vivions en un temps où, à trente ans, l'âme d'un prêtre soit presque infailliblement exposée à la mort de ses meilleures ardeurs apostoliques par la vue de cette léthargie qui règne au camp des vaillants et des forts ? C'est là une crise atroce, et, hélas, plusieurs ne la traversent pas sans une sorte de vertige. On était si peu préparé à cette volte-face de toutes ses espérances !

Et en disant ceci, qu'on me comprenne. Je n'accuse

personne, j'accuse l'heure. Je ne porte pas un jugement sur le clergé en général. Tout le monde sait, et le prêtre plus que personne, que dans nos rangs les saints et les savants sont légion. J'en ai rencontré, et Dieu soit loué, ceux-là ont mis la goutte de rosée sur mes fleurs d'âme toujours prêtes à périr. Mais après cette louange, pourquoi n'aurai-je pas le droit de crier bien haut que le clergé, pris dans son ensemble, n'est pas à la hauteur de sa tâche actuelle ?

En quoi, parlant de la sorte, puis-je scandaliser quelqu'un, hormi les pharisiens, et diminuer mes confrères et moi-même ? Cette constatation, tout prêtre l'a faite cent fois, et l'a entendu faire autour de lui dans tous les milieux. Avec çà, qu'on se gène, de nos jours, pour nous faire des reproches! Tout le monde nous tire dessus, et dans le plus parfait ensemble, depuis Huysmans, qui nous appelle « la lavasse des séminaires, » jusqu'au chatelain monarchiste qui nous dit « républicains » avec le même rictus qu'avaient les paysans de Vendée devant les armées de Hoche.

Et puis, où est le mal de reconnaître ses torts ? Pourquoi ne pourrait-on pas, sans avoir l'air d'un prêcheur irréprochable, sonder ses propres plaies ? Au moyen-âge il y avait des abus, et criants, Dieu sait, et on parlait de cela publiquement et hardiment. Et la société qui aurait pu s'en troubler, puisqu'elle était plus chrétienne, gardait cependant son estime à ses prêtres. Nous nous offensons très aisément d'une hardiesse de vérité due à la plume d'un ecclésiastique, et nous oublions que chaque matin des milliers de journaux versent sur nous, à outrance la calomnie et l'injure. Le voilà, le sérieux péril pour notre prestige et notre influence. (1)

Dieu me garde, je le répète, de censurer personne. Je n'en ai ni le droit, ni le devoir. Je sais la faiblesse humaine et plus encore la mienne que celle des autres, je sais aussi quels sont les écueils sur lesquels certaines âmes viennent se briser, je sais que l'hu-

(1) Sur le rôle du clergé séculier dans la société moderne on a écrit des ouvrages remarquables, notamment *l'Église et la France Moderne*, par le R. P. Maumus, mais il n'en est point, que je sache, de plus lumineux et de plus grande portée pratique, par l'harmonieux mélange de la doctrine, des aperçus nouveaux, du respect et des légitimes audaces, que les livres d'Yves le Querdec : *Journal d'un Curé de campagne*; *Lettres d'un Curé de canton*; *Journal d'un Evêque*.

milité est encore le meilleur soutien de l'homme, prêtre ou laïque, aux heures d'angoisse ; mais en parlant de la sorte, je ne crois pas me placer dans une voie de péril. Pourquoi serai-je blâmable, dans l'expression écrite d'une opinion, qui constate un fait, reconnu certain par tout esprit sincère ? Je suis en règle vis-à-vis de la Foi, de la Morale et du bon sens, pourquoi me laisserais-je troubler par le pharisaïsme, plus pointilleux encore à notre temps qu'aux jours du Christ ? C'est ce triomphe du pharisaïsme qui a creusé à la Vérité un puits à mille pieds sous terre. Là elle agonise, au millieu des efforts qu'elle faits pour rompre ses chaînes ! Il faut à tout prix que nous donnions la liberté à la Captive !.....

— Mon ami entre chez moi, au moment où mon imagination se plonge en cette vision dantesque. Je lui fais part des pensées qui troublent mon âme. Il prend son air d'ironiste, puis hausse les épaules, et comme il connaît mieux que moi la vie et les hommes, il garde en ses traits une parfaite sérénité. Sa philosophie et sa foi, unies en des proportions parfaites, en font un vrai sage. Les sages cependant cassent quelquefois les vitres. Leur colère alors est superbe, mais elle vient plus de la tête que de l'âme. Celle-ci ne se laisse jamais troubler par les clameurs triomphante de l'erreur.

« — Oui, me dit mon ami, le pharisaïsme sera vaincu, et la vérité, comme un soleil, dardera ses rayons sur les temps nouveaux ! »

Oh ! le beau vacarme, si j'écrivais tout ce que cette parole de feu, dit alors sur le pharisaïsme, ce hideux mal de l'époque, nouveau monstre dont on pourrait dire, comme le Dante, de la Fraude, puisqu'il est de la famille : « *Ecco la Fierra* ! »

Puis la conversation devint moins épineuse et élargit ses horizons !

J'ai, à la suite de cet entretien, écrit quelques notes, que je transcris ici aussi fidèlement que possible. Qu'on se souvienne, qu'en ce travail, on n'a nul souci de l'art des transitions.

— « Depuis deux siècles, surtout, n'est-il pas vrai, disait mon ami, que les catholiques, soit par ignorance, soit par amour de leur tranquillité, soit encore par une crainte exagérée des orages sociaux annoncés par de savants et sages prophètes, ou peut-être pour toutes ces causes ensemble, ont affecté le plus insolent dédain pour la civilisation moderne ? Que de prosopopées parfaites n'a-t-on pas écrites sur le progrès, sur le siècle des lumières, sur les conquêtes de l'humanité, sur la science, pour et contre ?

Il n'y a rien de surprenant dans l'outrance des défenseurs de ces grands mots, beaucoup n'ont plus que cet Évangile. Mais nous ? pourquoi cette rigueur pour le temps où nous vivons ? En France la théorie du bloc a été de tout temps fort à la mode. Ah ! vous n'êtes pas des nôtres ! Vos idées, vos livres, vos qualités naturelles et morales, tout au panier, en bloc ! *in odium auctoris !*

Pourquoi avons-nous à ce point cet esprit exclusif ? pourquoi avons-nous peur des idées contraires aux notres ? pourquoi enfin, nous catholiques, fils du vrai progrès, avons-nous une montre qui retarde sans cesse ? Nous ne manquons pas d'horlogers habiles, mais ils tiennent pour les vieux systèmes ; le chronomètre les épouvante. Je parle exclusivement de la France ; ailleurs, les catholiques marchent davantage avec leur temps, et les résultats sont admirables.

Chez nous, lorsque nous avons dit : « la France a un clergé zélé et de tenue fort correcte ; la France est le centre des œuvres de toute sortes ; la France a plus de missionnaires que toutes les notions ensemble» ! nous nous estimons à l'abri de toute inquiètude et de tout blâme. Cela est bien, et il y a lieu d'être fier ; mais quand on est la France, on a un idéal plus vaste encore. C'est la France qui est toujours l'éducateur de l'Europe en art, en science, en littérature et autres choses ; bien que l'élève soit déjà bien près d'égaler le maître. Dans le mouvement catholique social —je ne parle que de celui-là—, avons-nous les succès qu'exigeraient nos ressources en hommes et en œuvres et nos 36 millions de catholiques ? Je ne le pense point.

« Il y a certainement une cause à « cet état d'âme » du catholicisme français. Ne serait-ce pas la conséquence du régime régalien qui par son outrance dans l'exercice de l'autorité, a fait rentrer à la longue dans le Français un peu de « l'âme de laquais ». Laquais ces nobles de la cour de Versailles ; laquais ce haut clergé poudré à frimas, dont la plus grande partie passait onze mois sur douze, loin de son diocèse !

laquais ! toutes les forces sociales de l'État ; laquais, malgré ses airs à la Brutus, ce Tiers-Etat de 89, et aussi ces Girondins, et aussi ces conventionnels ! laquais, ce peuple de la Révolution qui a laissé commettre toutes les infâmies sans un essor, sans un cri de rage, sans un coup d'épaule ! laquais sous la trique de Bonaparte, les amis de l'ancien régime, et les républicains de la veille, tous rentés, décorés et courtisans !

Et cela a duré jusqu'à nos jours. Nous n'avons pu fonder jamais un parti catholique durable, parce que le Pouvoir, lorsqu'il a forgé des chaînes à la liberté, n'a jamais trouvé de plus chauds approbateurs de ses violences que ces laquais de bonne maison : catholiques libéraux, modérés, bourgeois amis de l'ordre, conservateurs étroits et têtus sous leurs flons-flons progressistes !

« Et encore de nos jours, quand le génial Léon XIII, a rappelé d'une façon éclatante, l'immuable doctrine de l'Église sur la législation et la forme des gouvernements, brisant sans pitié tous les hochets d'un passé à jamais mort, afin de renouveler par l'Evangile la vie des peuples, et tuer définitivement dans l'âme de la France « l'esprit laquais », n'est-ce point qu'on a reconnu, à n'en plus douter, la cause primordiale de tous les arrêts des idées catholiques ? Elle ne vient à mon avis que du régime régalien, qui par l'excès de l'autorité, a neutralisè tous les essors instinctifs de la race. Ce régime par ses excès a nui au développement du génie individualiste qui, par la nécessité constante de l'effort, est pour l'Église, comme pour l'État, la source la plus féconde du progrès et de la liberté. Enfin ce régime a créé la routine et la piperie des mots, leurres capiteux avec lesquels on éteint toute réflexion.

Je voudrai bien savoir, à quoi riment devant l'Histoire, depuis Louis XIV ces deux mots : Trône et Autel ! Eh bien, avec ces deux mots, on nous a fait reculer sans cesse, pendant que chez les autres peuples, la liberté étendait ses conquêtes. Nous sommes le peuple qui avons le plus ùsé du mot liberté ; et en réalité, c'est encore chez nous, où il est le plus mal défini. Chaque matin, après la lecture des feuilles publiques, on se prend à murmurer la parole de Madame Roland : « O liberté ! que de crimes, on commet en ton nom! » car contre la liberté, tout est crime!

Et de plus, en dépit de nos nombreuses écoles, de la multitude de savants et de l'amas énorme de livres, il y a chez nous, parfois, une ignorance doctrinale à faire gémir. Nous savons tout, sauf le catéchisme. N'a-t-on pas écrit sur le Pape, depuis quelques années, aussi bien parmi le clergé que parmi les laïques, des choses qu'on voudra peut-être, un jour, effacer avec des larmes de sang ?

L'Eglise Catholique ainsi qu'elle l'a toujours fait, — l'essence même de sa constitution, est d'être au-dessus du temps, — règle sa marche sur le pas du siècle. Là, réside le secret de sa force contre ses persécuteurs comme celui de son influence morale et matérielle sur les peuples. Nous prêchons cela chaque jour, et devant les ricanements de l'esprit sectaire, tout catholique use volontiers du cliché : « l'Eglise présidera à vos funérailles. » Néanmoins une foule d'esprits s'affole devant le dédain de l'Eglise pour ce qui est mort ou doit fatalement mourir. L'Eglise, grande école du respect, reconnaît hautement tous les mérites, et certes, ce n'est pas elle qu'on pourrait accuser d'ingratitude ; mais si elle a les paroles de l'Immortalité, voudrait-on qu'elle fasse siens, les deuils de nos petits espoirs ensevelis. En vérité, le spectacle serait risible, s'il n'était cruel dans ses conséquences.

« On injurie le Pape ; mais que ne dit-on pas des humbles, qui brisent avec les traditions impuissantes, pour essayer les méthodes imposées par les besoins de l'heure actuelle ? Les masses populaires se sont retirées de nous, voilà le fait. Des hommes dignes, savants, zélés, et d'allure très-moderne, de ci de là, créent un mouvement d'attraction. Les routiniers s'alarment, et pour anéantir ces nobles efforts, ils murmurent en sourdine : « Oh ! ces démocrates ! Voilà les pires révolutionnaires ! Ils mènent l'Église et la Société aux abîmes ! »

« Et c'est ainsi pour tout. L'âme de laquais, ne veut pas mourir de sa belle mort, mais elle mourra tout de même. J'estime que tout en vénérant l'Autorité, on peut lui exprimer certains désidérata, sans mériter l'anathème, et sans qu'on vous représente comme un esprit frondeur. J'estime aussi, qu'on peut demander des réformes et plus de largeur de vues, sur une foule de choses, sans courir le risque de s'entendre appeler : novateur dangereux, voire même hérétique et relaps.

L'Église Catholique a toujours été l'asile de la vérité et de la liberté ; ses annales le prouvent incessamment. Saint Thomas d'Aquin est fort à la mode, et c'est d'heureux présage ; mais ne l'oublions pas, ce génie, n'a pas seulement écrit l'*Office du Saint Sacrement*, et des syllogismes serrés et irréfutables, il a touché à des questions vives d'ordre général et particulier. Personne, que je sache, ne l'a repris, de ces coups de boutoirs donnés hardiment à quelques abcès qui, en perçant, éclaboussaient pas mal de gens.

Eh bien ! essayez de reprendre ses doctrines intégrales, et puisque le mal est toujours le mal, et la vérité toujours aussi la vérité, faites en l'application, même avec la touche la plus légère, à un fait quelconque de la vie contemporaine, vous entendrez quelles clameurs. Plus encore qu'indiscret on vous appellera insulteur, et peut-être, en outre, diffamateur. Saint Thomas avait raison ; mais vous, vous avez tort. Et puis, vous n'êtes pas saint ! C'est toujours là l'argument sans réplique, contre les humbles qui disent des choses justes, mais trop vraies. ...

Mettez en France des hommes comme lé cardinal

Manning, le P. Hecker, Mgr Ireland, le cardinal Gibbons, tout un parti s'élèvera aussitôt pour dénoncer le grave péril que ces réformateurs font courir à l'Église.

Qui dira les sourdes persécutions dont sont l'objet tous les esprits décidés, puisqu'aussi bien on clame de tous côtés, qu'il y a quelque chose à faire, à rompre avec les vieilles méthodes ! On a vu en leur âme, et en leurs œuvres, tout, excepté l'opportunité de leurs méthodes. Pour mieux paralyser leur bonne volonté, souvent on a pris une loupe, et au premier grain de poussière, on a conclu à l'erreur totale. Et comme ces étrangleurs, se frottaient les mains, quand leur victime agonisait ! Tuer une bonne volonté, n'est-ce point le triomphe suprême du pharisaïsme ?

« Oui, la liberté, cette grande et noble liberté qui féconde les âmes généreuses, et qui, en Amérique, en Belgique, en Angleterre, en Allemagne, permet aux catholiques de reprendre leur vrai place sociale, est en France un mot vide de sens, avec lequel la moitié du pays opprime l'autre.

Symptôme plus grave, nous avons même peur de la

liberté. Nos protestations ne sont, en dernière analyse, que la maigre satisfaction que nous donnons aux remords de notre âme chrétienne, humiliée de son rôle de laquais.

Depuis le sommet de l'échelle jusqu'au dernier degré, la société a peur, et la peur, c'est le meilleur criterium de décadence. C'est le désarroi, parce que l'amour de la vie a engourdi tous les ressorts du vouloir. Beaucoup trouvent qu'on est bien comme cela, car le changement porte avec lui tant d'imprévu et tant de sacrifices ! D'autres désirent le changement, mais pourvu qu'il s'opère seul.

L'heure est bizarre. C'est surtout dans le silence du cloître, que l'on peut juger sainement les choses humaines. A la Chartreuse, tout est éternel, comme les grands principes qui régissent l'Eglise catholique. De cette hauteur, l'Eglise apparaît dans sa sereine et vivante stabilité ; mais on voit aussi,bien des choses, à son entour, qui ne sont pas d'Elle, et qui cependant pour nos ennemis, sont une source profonde de scandales et de méprisantes moqueries, parce que nous les avons identifiées à Elle. C'est là qu'il faut porter la cognée !

Lorsque cette poussière humaine tombera du front de notre Mère, oh ! alors comme elle rayonnera ! Comme elle sera incomparablement plus belle encore, en face de ces générations nouvelles qui soupçonnent déjà, dans leurs ténèbres, qu'elle sera, à l'heure du naufrage, le phare et le paisible port !

« Et cependant, malgré ces pessimistes pensées, l'heure est à l'espérance. Une évolution de liberté apostolique se produit en ce moment dans l'Eglise de France, principalement dans les rangs du jeune clergé. Prions pour que toutes ces ardeurs gardent avec la mesure la vertu qui rend le zèle fécond ! Prions aussi pour que les résistances hautaines, cruelles ou maladroites que ces ardeurs rencontreront sur leur route, ne les découragent pas et surtout ne les détachent jamais du rocher de la Foi ! Prions, enfin, pour que la discipline et l'entente règnent en l'armée catholique dans les combats de demain ! »

IX

Durant notre séjour à Valbonne, le souvenir de Lesueur fut inséparable, en notre pensée de celui de Saint-Bruno, et souvent dans nos promenades au cloître, nous en venions, mon ami et moi, à accuser les Chartreux d'ingratitude ou tout au moins d'oubli enversl'artiste de génie, qui a fait plus pour la gloire de leur fondateur que tous les livres ensemble. Sans quelques copies qui parent les appartements réservés au R. P. Prieur, on ne voit nulle part la trace d'un souvenir à Lesueur.

Et cela, est ainsi dans la plupart des couvents de Chartreux que j'ai visités. Sans doute les enfants de Saint-Bruno sont fiers de leur peintre, car il est bien à eux; mais pourquoi ne lui donneraient-ils pas une statue ou simplement un buste, à l'ombre de leur cloître, ou au milieu de leurs jardins ? A Valbonne, où le Père Dom Vauchier a révélé ses goûts d'homme d'art, en une foule d'embellissements distingués, cela parlerait bien haut au visiteur, si lorsqu'il descend au cloître il voyait, dans l'immobilité vivante du marbre, à côté de Bruno les dépassant de sa tête géante, les principales gloires cartusiennes.

Lesueur aurait là sa place, Je le voudrais tout près de son cher Saint, debout, une palette à la main, l'œil perdu d'extase. Et je crois que ce serait beau. Il me semble que si Saint Bruno était consulté, malgré son amour du silence, il dirait : Oui !

C'est peut-être encore à la Grande Chartreuse où Lesueur apparaît le plus uni à la gloire du Fondateur. Dans la salle du chapitre, on voit une des meilleures copies de toute l'œuvre du Louvre, et il y a un cloître qui porte son nom. Pourquoi n'en serait-il pas ainsi dans chaque maison de l'Ordre? Pourquoi les Chartreux qui savent faire si grand, se montraient-ils si petits pour celui qui a tant fait pour leur Saint ? La plupart des gens n'ont rien lu des volumes du P. de Tracy ou de Dom Du Creux, mais tout le monde a vu les toiles de Lesueur ou des reproductions de ces toiles, et ainsi c'est par l'Art que nos générations frivoles et sensuelles, sont forcées à passer, pour soupçonner des choses éternelles, devant Saint Bruno et son œuvre toujours belle et toujours jeune.

Oh ! chers enfants de Saint-Bruno, n'oubliez pas Lesueur !

Hélas, il n'y a pas que les Chartreux qui se montrent un peu ingrats pour le sublime hagiographe de leur fondateur. Allez au Louvre. On a relégué les tableaux de Lesueur dans une des plus mauvaises salles du palais; la moitié des toiles est à contre-jour, l'autre moitié à des hauteurs inaccessibles. La foule ne vient jamais jusque-là, c'est si loin et on ne voit rien. On a installé admirablement des insignifiances, et cette page splendide, une des plus belles, peut-être, de l'Ecole française, a dû céder le pas aux Ecoles étrangères. Ah ! la cruelle ironie que ce titre de *Musée National,* lorsque des œuvres d'un tel prix sont condamnées à un si dédaigneux abandon !

Il me semble voir encore le geste de révolte et de colère d'un étranger, passant et repassant devant le tableau de la *Mort de saint Bruno*, sans jamais trouver l'éclairage. Cela semblait dire : si nous, en Allemagne, nous possédions ce trésor, nous lui trouverions certainement une autre place ! Je pensais, à part moi : quelle surprise, pour Lesueur, s'il revenait. Sans doute, il tomberait à genoux devant son cher Saint, lui demandant pardon de cet outrage posthume ; il réclamerait ses tableaux, et puisque la Chartreuse de Paris est détruite, il les porterait à la Grande Chartreuse ! Là, du moins, ils auraient de la lumière, et les moines en passant inclineraient la tête en signe de respectueuse admiration.....

Ce qui distingue, à mon sens, cette œuvre religieuse de tant d'autres, qui sont plus célèbres, et en fait une merveille, c'est moins le dessin, irréprochable cependant, que le parfum de piété ardente qui devient à chaque tableau toujours plus pénétrant, juqu'au moment où dans la toile de la *Mort de saint Bruno*, il embaume à l'égal d'une flagrance céleste.

On dirait que c'est peint à genoux et en extase. Regardez-la bien cette scène, si sobre de procédés et si puissante néanmoins sur l'âme. Y a-t-il dans *Raphaël* une telle vérité, un tel accent divin ? J'en doute.

Le Saint repose, mort, sur sa couche, et une lueur émane de sa tête, remplissant peu à peu la cellule. Les compagnons de Bruno entourent le cadavre, et à leurs gestes vous sentez leur désolation, mais bien plus leur espérance en la protection du Saint. Ce moine se penche et regarde, avec une candide tendresse, les traits du Père bien-aimé, il est jeune, il est ardent, il veut imiter les vertus de Bruno, il lui fait cette suprême promesse ; cet autre regarde le ciel et invoque déjà l'Elu. Chez tous, on voit paraître le même sentiment d'amour généreux. Et cela est sobre, vrai, sans aucune préoccupation d'effets à obtenir. C'est ainsi que saint Bruno dut mourir.

Je ne sais rien, en fait de peinture religieuse qui ait ces lueurs d'éternité. Fra Angelico a plus de suavité, ses Saints et ses Madones sont tellement transfigurés par la Grâce, qu'ils semblent des êtres d'une autre nature que la nôtre. Les chairs sont diaphanes, les lignes d'un contour exquis, les doigts effilés, les yeux en amande ; on dirait que sous l'ardeur de leur prière, l'âme va sortir du corps, avec la légèreté et la blancheur de la colombe.

Dans Lesueur je vois que saint Bruno est d'os et de chair comme moi ; la physionomie est humaine. Il y a des muscles dans ce corps et des sens qui ont des sursauts. Mais Dieu remplit ce cœur, et il y paraît à ce regard de séraphin. Et lorsqu'on songe que Lesueur mit seulement trois années, de 1645 à 1648, pour concevoir et exécuter cette œuvre immense, on est muet d'admiration et l'on se demande ce qu'il y a de plus grand, chez cet artiste, du peintre ou du chrétien.

« Non, dit Louis Veuillot, je n'imagine rien de plus heureux que Lesueur, dans le cloître des Chartreux, se voyant en face de ce grand poëme de la vie de saint Bruno. Il portait comme un autre, sans doute, le poids de la vie humaine, et son cœur contenait les racines de cet ennui qui vient, de son autorité privée, dit Pascal, projeter son ombre entre nous et tous nos soleils ; mais son œuvre aussi était là, son œuvre immense, son cher Saint plein de candeur et de majesté, à peindre dans toute sa majesté et dans toute sa candeur. La muse lui racontait longtemps à l'avance les scènes variées, les belles figures auxquelles il allait donner la vie. Il vivait lui-même au milieu de cette poésie de la vie surnaturelle, prête à devenir visible par la magie du pinceau. Son Saint lui tenait fidèle compagnie ; il l'aimait et il en était aimé, et il goûtait encore cette joie ineffable de l'amour : travailler pour la gloire de celui qu'on aime. » (1)

Volontiers on répète que Lesueur se fit Chartreux. C'est une erreur. De Lacroix, dans son *Histoire monumentale de la Chartreuse de Paris*, donne ces détails : « Déjà, en 1380, dit-on, les principales scènes de la vie de saint Bruno avaient été peintes, à la Chartreuse de Paris, d'abord sur le mur, et plus tard, en 1508, sur toile ; enfin, en 1645, le petit cloître ayant été reconstruit à neuf par le P. Prieur Dom Joyeulx, le célèbre Lesueur les peignit sur bois et les distribua en vingt-deux tableaux, qui sont autant de chefs-d'œuvre. Plus tard, lorsque Lesueur eut perdu sa femme et que, découragé, il lui sembla que sa vie

(1) L. Veuillot, *Çà et Là*, tom. 2, pag. 412.

était accomplie, il vint demander aux Chartreux de mourir parmi eux, bien qu'il n'eût jamais été religieux. Il s'éteignit au sein de ses chefs-d'œuvre, comme un père attristé se réfugie, dans sa vieillesse, au milieu de ses enfants. »

Et M. Vitet, dans sa remarquable étude: *Lesueur sa vie, ses œuvres* : « On aime à répéter que Lesueur, ayant été provoqué en duel, tua son adversaire et se réfugia chez les Chartreux ; c'est là, pour occuper ses loisirs et récompenser l'hospitalité des religieux, qu'il aurait peint la *Vie de saint Bruno*. Cette aventure romanesque ne repose sur aucun fondement. Tous les auteurs de l'époque n'ont jamais dit mot de ce prétendu duel. On suppose que Lesueur était inspecteur de Lourcine, ce qui est inexact : il n'eut jamais aucune place lucrative comme récompense. Ses habitudes de piété l'avaient mis en rapport avec les Chartreux ; il leur avait dessiné un frontispice pour un diurnal. Lorsque Dom Joyeulx eut fait restaurer le petit cloître, il fallait ou blanchir les murailles, ou les peindre, et ce fut à Lesueur qu'on en confia le soin. » (1)

(1) C'est en 1776, sur la demande du comte de Maurepas, que le Prieur de la Chartreuse de Paris, Dom Hilarion

C'est donc établi : Lesueur n'a pas été Chartreux ; mais il a vécu ses dernières années parmi eux ; il a compris la grandeur de cette vie de prière et d'amour. A force de contempler la grande figure de saint Bruno, il a vu se découvrir devant son âme des horizons nouveaux. Il est devenu du même coup homme de génie et saint.

La physionomie du fondateur de la Chartreuse a inspiré une foule de toiles, mais aucune n'a le sentiment et la piété naïve des toiles de Lesueur. Zurbaran et Le Guerchin ont tous deux traité le même sujet : *Saint Bruno en prière*. Ces deux tableaux, à mon sens, manquent de vérité. Les tons sont trop énergiques chez Zurbaran et chez Le Guerchin, le dessin est trop habile. L'âme du Saint est absente, et cela, rien ne le remplace.

Robinet, fit hommage des tableaux de Lesueur au roi Louis XVI, pour la galerie du Louvre. Sous la Restauration, la manufacture des Gobelins exécuta en sept pièces une tenture de l'histoire de saint Bruno par Lesueur.

Je ferai remarquer, en passant, qu'à Nimes, au Musée, il y a une bonne copie de la *Mort de saint Bruno*, de Lesueur ; mais on l'a placée dans le passage qui met en communication les deux parties du monument, tout en haut, dans un coin et dans un très mauvais jour. Décidément Lesueur n'a pas de chance dans nos Musées.

L'artiste qui, après Lesueur, me semble avoir le mieux compris et rendu saint Bruno, est Philippe de Champaigne. Il existe de lui un saint Bruno en extase, mais je n'ai pu trouver encore quel musée l'abrite.

Un jour, j'eus la bonne fortune de tomber sur une vieille gravure, couverte de poussière et le cadre en lambeaux. Je nettoyais le verre, et je vis paraître une figure splendide, illuminée par le rayonnement de l'extase, et au-dessous : *Sanctus Bruno Carthusianor - Institutor. — Parisiis Apud G. Landry, viâ Jacobœâ, sub Signo S. Landriys. Cum Privileg. Reg.— Phillipp. Champaigne pinxit.* On me donna la gravure et je l'emportais chez moi. Elle est dans un état parfait de conservation. On dirait une eau forte, tant la touche est franche et vigoureuse. Le Saint jaillit, en quelque sorte, du cadre.

Quant à l'expression de l'ensemble, elle est saisissante. Saint Bruno est dans une grotte Le corps est droit, dans une pose presque hiératique ; la tête, une tête de vrai Chartreux, aux os énergiques et en saillie, se détache des épaules, vigoureusement, comme sous le coup d'une attraction irrésistible. Le regard est un brasier dont les reflets inondent de lumière la moitié du visage et de place en place le froc monacal. Des yeux, l'amour dévorant est descendu jusqu'au cœur, aussi, voyez ces deux mains qui se croisent sur la poitrine ! Il semble qu'elles essaient, par leur pression, d'arrêter cette palpitation surhumaine. Et les lèvres s'entr'ouvrent, et ce qui restait encore d'âme s'en va par là. L'extase alors s'épand sur l'être entier de Bruno ; on a la sensation réelle que ses pieds se détachent de la terre, on croit ouïr des battements d'ailes et sentir ces mystérieux et suaves parfums qu'exhalaient les corps de certains bienheureux !....

Cette gravure est fort remarquable. Il y paraît à l'admiration unanime de tous les connaisseurs à qui je l'ai montrée ; et un colonel, aujourd'hui général, fut surpris par moi, en train d'essuyer une larme, qui venait plus encore de l'âme « naturellement chrétienne » que de cette émotion exquise qu'éprouve l'amateur devant une jolie trouvaille.

Je n'ai rien vu dans l'œuvre immense et toujours consciencieuse de Phillippe de Champaigne qui ait à la fois cette vigueur de muscles et cette suave tendresse. Dans la longue liste de ses tableaux, il n'est nulle part question d'un saint Bruno. Pourquoi ne le mentionne-t-on point. Serait-il égaré ? serait-il regardé comme une œuvre inférieure ! Quoiqu'il en soit la reproduction en gravure est fort belle, et je la prise à l'égal d'un trésor.

Philippe de Champaigne était contemporain de Lesueur. Il a du, sans doute, faire souvent visite au cloître de la Chartreuse de Paris, pour y admirer les peintures de son collègue. Cette figure de Bruno, vue à travers le poème de Lesueur, lui devint chère et à son tour « par la magie du pinceau » il créa son rêve.

On peut dire, à la rigueur, que c'est une copie d'après Lesueur, mais aussi, quand le copiste est P. de Champaigne, l'œuvre est de main d'ouvrier et très personnelle.

En somme Lesueur a définitivement écrit sur la toile la vie du fondateur des Chartreux. On ne pourra plus rien entreprendre désormais, en fait de peinture monastique, sans s'inspirer de son œuvre. Mais n'ayons pas de ces soucis, la peinture monastique est morte ; nos artistes chrétiens — s'il en reste encore — n'ont pas la flamme de Lesueur, et l'auraient-ils, ils ne trouveraient plus les immenses surfaces des cloîtres pour encadrer leurs poèmes. Le badigeon blanc ou ocre a depuis longtemps remplacé dans nos monastères contemporains, les mystiques couleurs de la fresque. C'est grand dommage, que cette diminution de l'idéal dans les lieux, où il doit règner souverainement. L'Art chrétien est destiné à sombrer, si les portes des monastères, ne s'ouvrent pas, toute-grandes devant lui. N'est-ce pas de là qu'il a pris son essor vainqueur ?

X

C'est le soir ! C'est l'heure du départ. Nous sortons de cette solitude, de ce Val du Bonheur par la jolie route qui mène à Pont-Saint-Esprit.

Le crépuscule est d'une douceur infinie. On entend le long du chemin sous les branches enveloppées d'ombre de petits cris mystérieux et tendres, des appels, des gazouillements vagues et pleins de sommeil : ce sont les oiseaux et tous les hôtes de la forêt en train de chercher ou d'aménager l'asile de la nuit.

Nous marchons en silence, bercés par cette voix de rêve qui monte et du monastère, et de la forêt et de l'horizon assombri, et surtout de notre âme.

Cette âme, aux mille voix, que le Dieu que j'adore
Mit au centre de moi comme un écho sonore !

Le soleil a disparu, mais sur nos têtes le ciel est d'or, puis de pourpre, puis de carmin. La forêt se fait plus belle encore sous les reflets de la lumière mourante, et de place en place, sa robe malgré la rouille des premiers froids d'automne, semble encore une robe de printemps.

Oh ! qu'il fut divin ce crépuscule, au milieu de ces collines dont l'écho ne répond qu'aux *Angelus* et aux sonneries de l'office ! quelle paix et quelle sérénité !

Ici, la terre n'a point ce visage souillé, ridé et vieux qu'elle a partout où s'agitent les hommes. Elle ne voit pas les vols, les homicides, les injustices et les mensonges. Elle n'entend point les « hennissements de la luxure », ni les chants éperdus de l'orgueil. On dirait qu'elle sourit plus tendrement à ces hommes dont le cœur est détaché de ses richesses. Elle a pour eux des coquetteries de jeune mère et sous les nuages gris de l'hiver, elle a toujours dans les cheveux, des fleurs ; aux lèvres, des chansons et des sourires !

Vous trouverez en mille endroits de paysages plus saisissants par les contrastes, plus poétiques par l'harmonieux ensemble des lignes et de la lumière, je ne pense pas, que vous sentiez palpiter la tendresse du cœur de la Terre, comme autour de ces asiles de la vertu héroïque et de la prière immortelle.

Dans le désir de mieux savourer ces chastes et profondes émotions, notre marche se ralentit, et à tout instant, nous regardons en arrière, pour contempler encore, à travers les arbres, les murs blancs du monastère. Jamais, il ne s'est montré à nous, si réellement le séjour de l'ineffable paix ! Au milieu des grandes ombres qui remplissent déjà le creux des collines, il paraît grandi, et avec ses toits ardoisés, ses flèches aiguës et ses murs d'enceinte flanqués de nombreuses tourelles, on croit voir surgir une cité du moyen-âge.

Et aussitôt ce spectacle évoque en l'esprit, ces temps ou les « moûtiers » couvraient par milliers le sol de la chrétienté, ruches du travail, de l'art et de la prière d'où essaimaient les chefs des peuples, les princes de la science et les Saints...

L'histoire de Valbonne prend pour nous, à cette heure, tout son relief, et le passé de cette retraite ne nous est chose curieuse et ne donne pleinement l'éveil à notre imagination, que parce que notre âme est enfin rassasiée des sensations divines que nous sommes venus chercher.

Avant de voir paraître et s'animer les hommes et les choses d'autrefois, lorsqu'on regarde les ruines ou qu'on lit les vieilles chroniques, il faut peu à peu se composer un état d'âme, qui soit comme le contre pied de la vie réelle. Il faut totalement perdre de vue le cadre moderne, et s'abstraire de toutes les idées courantes. C'est là un travail parfois difficile et pénible ; mais, qui le fait, goûte les joies de l'Art.

On a écrit des volumes, et ce n'est point fini, sur le Parthénon. Tout élève de l'école d'Athènes, ou tout Sorbonnien qui se respecte, y va de sa description sur cette fleur de la Beauté Antique. Lisez-les, ces pages, elles sont toutes intéressantes, car elles révèlent de la science, du talent et de l'amour. Mais souvent des taches paraissent au tableau, l'auteur est trop de son siècle, et il n'a pu, qu'on me permette l'expression, se couler tellement dans la peau du Passé, qu'il ne révèle çà et là l'effort alors qu'il ne faudrait que la foi ! Et quand le peintre dépose ses pinceaux involontairement, on songe à l'empois de Bitaubé. Et, tout de suite, on court relire les pages chaudes, lumineuses et vraies de Chateaubriand, de Lamartine et de Renan !

Et c'est alors dans l'azur de l'Attique, la ruine qui resplendit, portant, pendues à ses flancs mutilés les images de toutes les gloires de la Grèce et d'Athènes !

Mais je le répète, il est de plus en plus difficile de *voir ce qui a été*, et de faire sortir du tombeau tous les vivants de l'Histoire. Nous sommes en un temps où la fantasmagorie de l'actualité éblouit et déconcerte; le journal a tué le livre et avec lui le repos de la tête qui n'a plus le loisir de classer après un choix attentif. A la suite de nos bibelots de salon, nous avons créé les bibelots de l'esprit.

Et voilà pourquoi les impressions sont si peu profondes en cette génération, dont l'idéal consiste à jouir bêtement de la vie.

La foule a perdu le sens esthétique, et vous chercheriez en vain, dans nos cités, ces nobles goûts, cet enthousiasme pour les vieux souvenirs et tout cet ensemble de coutumes si naïves et si poétiques, dont nos pères embellissaient leur existence. Il y a plusieurs causes à cela, la principale est l'excès de civilisation. Les vrais artistes ont grand peine, eux aussi, à ne pas s'*embourgeoiser* ; de là leurs exodes à la campagne, aux bords de la mer, dans tous les lieux où l'homme n'est pas venu souiller la nature par l'étalage de ses conquêtes scientifiques. Là, ils écoutent et ils comprennent *la voix des choses*, et là aussi, ils renouvellent le feu sacré qui brûle en leurs cœurs !...

Ah ! C'est que le désert est vide des cités ;
C'est qu'en voguant au large, au gré des solitudes,
On y respire un air vierge des multitudes !
C'est que l'esprit y plane indépendant du lieu ;
C'est que l'homme est plus homme et Dieu même plus Dieu !
Moi-même de mon âme y déposant la rouille,
Je sens que j'y grandis de ce que j'y dépouille,
Et que mon esprit, libre et clair comme les cieux,
Y prend la solitude et la grandeur des lieux ! (1)

Jamais je n'ai mieux senti la vérité de ces vers de Lamartine, comme l'an passé au Mont Saint-Michel. A la sortie de Pontorson, quand apparut, là-haut, dans

(1) Lamartine, *Recueillements poétiques, Le Désert.*

la lumière, la forme fantastique du célèbre couvent, l'émotion fut vive. Nous étions mon compagnon et moi, littéralement fascinés par la vue de cette merveille.

Hélas ! elle ne dura guère notre rêverie ! A nos côtés, des Anglais caquetaient, et nous crûmes comprendre qu'ils se plaignaient du peu de confort de la diligence. Des Parisiens s'amusaient à des facéties lamentables et le Mont Saint-Michel paraissait être bien loin de leurs pensées.

Enfin, nous arrivâmes. Encore hélas ! Derrière la Barbacane, tout le long des remparts, c'est la cohue : des gens attablés devant les cafés et les auberges, fument et boivent, et les noms de Poulard éclatent comme des fusées d'un bout de rue à l'autre.

Pas le moindre pittoresque dans ce désordre. Pas une figure où rayonne la science ou l'amour du passé, ici parlant plus haut que le bruit de la mer. C'est tout simplement la vulgaire partie de plaisir, avec l'unique perspective d'un bon déjeûner.... Malheur à ceux qui savent l'histoire ! Malheur aux poëtes !

Nous montons visiter le monastère. Hélas ! Hélas !

Un cicerone qui bredouille, et derrière lui vingt à trente personnes. On va de salle en salle, très vite, et le guide dit sa leçon, tandis que les visiteurs baillent avec un regard éteint, et vont vite aux portes.

La curiosité, un moment, semble s'éveiller, mais c'est devant les cachots du *Grand Exil* et du *Petit Exil*, sur lesquels le guide multiplie les détails horribles. Tous ces lecteurs de romans-feuilletons ont l'air ravi. A la chapelle, on donne une minute. Au cloître, à la salle des chevaliers, au dortoir, le temps d'entrer et de sortir. Et c'est fini !

Dieu ! quelle vraie souffrance de voir ainsi profaner ce sanctuaire ! Dans le tumulte de cet océan d'ignorance et de platitude, il nous fut impossible d'entendre le plus petit écho des voix du passé. Vexés au-delà de toute expression, nous quittâmes à la hâte cette foule, et nous vînmes nous asseoir, en face de Tombelaine, sur le mur d'enceinte, près de la tour du Nord.

Et ce fut là une heure exquise à regarder la grève immense, pendant que le soleil se couchait « *dans son lit de nuages* », et que la mer montante étincelait sous les rayons de l'astre, comme une gigantesque coulée d'or.

Sur les remparts erraient çà et là des visiteurs qui, comme nous, voulaient emporter un peu de l'âme de Saint-Michel-de-la-Mer !

Dans ce calme, nous entendîmes, là-haut, chanter les moines soldats, et sur la mer, mon compagnon crut apercevoir les galères normandes.... Moi, je vis aussi la Fée des Grèves !

— A Valbonne, on nous a épargné ces ennuis et ces profanations. Rien n'a pu nous distraire de la vision qui, dès le seuil du couvent, nous est apparue, dans ses clartés divines. Et maintenant qu'il faut partir, un déchirement se fait en nous, nous éprouvons les tristesses de l'Adieu. Il y avait déjà, entre l'âme du monastère et notre âme, une sorte de lien mystérieux, et après ces jours « d'ascension », il nous semble désolant de revenir au milieu du tumulte humain, de rentrer dans les rangs de cette cohue hurlante, d'où la paix est bannie, où la vie est si morne, si cruelle, si dépouillée de beauté !

L'homme est méchant, et ici nous l'avons vu si

bon ! Partout, même dans ses délices, l'homme est triste, et ici nous l'avons vu si heureux ! Nous avons si bien senti se transformer notre âme, que maintenant nous voilà meilleurs, et que nous tremblons de perdre, en revenant vers ceux « qui ne montent jamais » ces joies sereines qui donnent tout son prix à la vie....

Sous les sourires des premières étoiles qui s'allument dans le ciel, nous revivons, toutes les émotions de ces trois jours, nous les recensons, comme le soir après la journée faite, le moissonneur, compte les gerbes liées.

— « La comprends-tu, me dit mon ami, cette force mystérieuse qui nous met un tel chagrin au cœur, et arrête ainsi nos pas? C'est la même que celle qui tant de fois a retenu pour toujours à la Chartreuse ou à la Trappe des curieux et jusqu'à des plaisantins.

Par étapes successives et sans que l'une paraisse s'enchaîner à l'autre, on marche dans les chemins qui conduisent à la Terre Promise, à ce lieu pacifique, que tout homme rêve, à certaines heures de sa vie. . On croit, au sein des agitations s'en éloigner, ou le perdre totalement de vue, alors que les pieds touchent déjà sur le seuil. J'en ai connu plusieurs qui haussaient les épaules à l'idée du froc, et trois ans après, je les revoyais, transfigurés, la tête rasée et la courroie autour des reins, chanter l'office avec ardeur.

« C'est la nostalgie du divin. Malgré la couche épaisse d'incrédulité que la science matérialiste a progressivement entassée sur quatorze siècles de christianisme, malgré surtout le flot de sensualisme qui menace de tout engloutir, notre époque, et c'est là l'espérance, a encore la soif des choses éternelles. Ce siècle railleur et volage, se trouble encore quand, à l'horizon assombri, certains signes se montrent. Pendant que quelques discoureurs chantent l'hymme du Hasard, une formidable clameur s'élève du peuple entier, et l'on entend ces mots : Dieu ! Voilà Dieu !

« Etudiez l'histoire ; aussitôt que fleurit la vie religieuse et que les monastères se peuplent, c'est un pas en avant pour l'humanité. Au contraire, c'est un recul, quand les couvents sont en décadence. Voilà un fait que ne constatent pas les Michelet, les Henri Martin et les autres ; mais après tout qu'avons-nous à faire de ces tortionnaires de la vérité, dont toute la philosophie historique consiste à amoindrir l'Idée Chrétienne? »

« Oui, nous sortirons du labyrinthe de l'heure présente ; ce qui doit mourir, mourra. Le devoir si difficile à connaître aux époques troublées, se révèlera à toutes les âmes de bonne volonté, et pour l'accomplir résolument, les invincibles énergies ne manqueront pas ! Est-ce qu'un peuple peut périr, quand de tous côtés, surgissent les cœurs d'élite, heureux d'immoler leur indépendance, leurs chères habitudes, leurs affections et leurs richesses pour la victoire du bien ? »

Mon ami, parla longtemps encore, et sa voix imagée, chaude, vibrante comme un clairon sonnant l'assaut, réveillait en moi toutes les ardeurs et tous les espoirs, et maintenant, lorsque mon esprit rappelle ces souvenirs, je crois l'entendre cette parole, qui ce soir-là, semblait une voix de prophète.

Oui étions sous le charme de cette nostalgie divine, charme qui fait de l'âme, une lyre qui vibre avec une sonorité d'une douceur ravissante

Il y a ainsi, dans la vie, de ces moments où de nouveaux horizons se découvrent, où l'on plane bien haut. C'est parfois le spectacle d'un coucher de soleil, d'une matinée d'automne, d'un sourire d'enfant, d'une cérémonie religieuse ; c'est quelquefois moins que cela.

Mais il y a sur terre, des lieux qu'on dirait tout exprès créés pour l'ascension de tout notre être. Rome exerce sur tous les voyageurs cette force aimante ; attrait divin, qui opère même sur les plus réfractaires, tant il est vrai que cette ville est l'âme du monde et la clé de voûte de l'histoire.

Dans tous les couvents, j'ai senti cette même séduction, et je n'en suis jamais sorti, sans un véritable déchirement au plus intime du cœur. Et ce sentiment, la plupart des chrétiens l'éprouve. Il faut conclure, que c'est là qu'on trouve le meilleur air pour la respiration de l'âme !

Je vous défie de rencontrer un écrivain qui, après avoir reçu l'hospitalité des moines et vécu quelques jours avec eux, n'ait été profondément ému, et n'ait eu du monde et de lui-même une idée plus haute, sinon chrétienne. A part Lord Byron et Shelley qui payaient l'aimable accueil des religieux du grand Saint-Bernard en écrivant au registre du couvent sous leurs noms, le mot : « *atheos* » athée, tous sont sous le charme de ce parfum venu du ciel. Ducis, Chateaubriand, Lamartine, Bourget, Loti même, ont dit là dessus des choses splendides.

Et Veuillot? Savez-vous rien de plus touchant que les visites fréquentes du fidèle soldat de l'Église, à ses chers Pères de Solesmes, et à ses chères Petites Sœurs des Pauvres. Qui saura jamais ce que ce fier chrétien et ce grand artiste a puisé de force, d'ardeur et de « sainteté » dans ce contact avec les hommes de Dieu ! C'est lui qui, parmi les laïques de ce siècle, avec Montalembert, Ozanam et Hello, a le plus aimé la vie religieuse et le mieux parlé d'elle. Dans un de ses livres, n'a-t-il pas tout un long chapitre sous ce titre : *les Fruits du Cloître !* Et comme ces fruits sont jolis et savoureux !

Tout le monde a lu ces pages, mais comment résister au désir de [illegible] les relire encore. « Mon ami, écrit-il de Solesmes, les choses de la vie étaient bien bonnes et commodes autrefois, et bien arrangées pour les pauvres gens comme nous ! Il existait partout des asiles comme celui-ci où les moindres servants de l'art pouvaient se réfugier tous les ans, dans la paix, dans l'étude, dans les chères amitiés, dans les grands et saints conseils.

« Qui n'avait pas un couvent ou tout au moins un moine pour ami ? On frappait à cette porte, elle s'ouvrait. Venez-vous, pour le repos : Voici une cellule. Venez-vous pour la prière : Voici l'église. Venez-vous pour le travail : Voici la bibliothèque et des hommes qui savent ce qu'elle contient. Venez-vous, enfin parce que votre cœur est triste et votre âme troublée ; voici des consolations et des lumières. Et combien sont venus, et combien sont restés à l'abri des tempêtes ! (1) »

Et cet autre fruit du cloître, d'une exquise saveur mystique, un jour de tristesse et d'accablement : « Si Jésus-Christ n'était pas dans ce monde, vivant, immuable, éternel, toujours là pour être aimé de nous et pour nous aimer, toujours là pour être servi et pour nous servir ; si nous ne savions pas qu'il sera dans l'avenir, si nous ne le trouvions pas dans

(1) *Çà-et-Là*, 2e vol., liv. XVI.

le passé, il n'y aurait pas de vie humaine. Par Jésus-Christ, l'homme remplit tout l'espace du temps ; il est dans le passé, dans le présent, dans l'avenir ; il est immortel, il *Est*.

« Par Jésus-Christ, c'est la tristesse qui est un songe de l'homme, et la joie est une réalité ; par Jésus-Christ, c'est la mort qui meurt, et l'homme est vivant.

« L'homme sent le poids de la vie ; il se courbe ; ses yeux attachés sur la terre semblent chercher la place du tombeau. Tout ce qui le réjouissait autrefois ne le réjouit plus ; en vain le ciel est beau, en vain le soleil luit, en vain les oiseaux chantent ; pour lui les oiseaux ont désappris les belles chansons qu'ils savaient autrefois. Mais il songe à Dieu, et il dit : *Ainsi soit-il !* Puisque Dieu le veut, c'est bon ! Et en réfléchissant, il le trouve bon en effet, et le ciel s'illumine de clartés que n'avait point l'aurore ! »

Ce sentiment de forte espérance, cette ardeur nouvelle, cette paix qui ne s'émeut jamais malgré le spectacle hideux du mal, si souvent vainqueur du bien, cette sérénité triomphante qui, au milieu des ruines, insulte à la Mort, et montre le ciel entr'ouvert, le ciel où l'humanité rachetée et consolée aura sa soif de bonheur apaisée par le regard du Rédempteur ; tout cela, nous aussi, nous le sentions au fond de nos poitrines, tandis que la nuit couvrait la forêt, et qu'à l'horizon brillaient les feux des villages voisins. Ce sont là les fruits du cloître, dont le parfum ne périra point.

Aux heures mauvaises, il nous sera doux de savourer ce parfum divin qui donne toujours à l'âme triste et pliant sous le fardeau, l'ivresse et l'énergie du bien.

Et tous ceux qui, faisant trève aux agitations du monde, feront visite à ce Val-du-Bonheur, comme nous, voudront revenir.

ÉPILOGUE

A JÉSUS CHRIST

Oui! vous êtes le Roi de tout ce qui respire!
Oui! votre nom est grand! le seul qui ne meurt pas!
Oui! vous donnez la paix à l'âme qui soupire!
Oui! le monde ne vit qu'en marchant sur vos pas!

Si devant votre Croix ricane le blasphème,
Si la haine survit et vous cherche un tombeau....
C'est en vain... vous vivez dans la gloire suprême;
La tombe où l'on vous jette, est toujours un berceau!

Mais, nous, Seigneur, vos fils, nous savons qui vous êtes,
Car toujours votre Loi, quand grondent les tempêtes,
Est le phare brillant, qui ranime l'espoir!

Nous gardons l'Evangile, et notre âme ravie
Par ce livre comprend l'énigme de la vie!..
Quand ce livre est fermé l'horizon devient noir!...

Imprimerie Gervais-Bedot, rue de la Madeleine, 21

ERRATA

Page 77 : ligne 17, ajouter après mémoire : *avec une variante.*

Page 78 : ligne 12, perçois, lire : *perçoit.*

Page 89 : ligne 3, rentrer, lire : *entrer.*

Page 90 : ligne 9, magnun, lire : *magnum.*

Page 97 : ligne 3, après le mot dédain, ajouter : *pour.*

Page 134 : ligne 4, sodique, lire : *sadique.*

Page 137 : ligne 5, différent, lire : *déférent.*

Page 139 : ligne 11, Durtol, lire : *Durtal.*

www.ingramcontent.com/pod-product-compliance
Ingram Content Group UK Ltd.
Pitfield, Milton Keynes, MK11 3LW, UK
UKHW022102260726
13993UKWH00001B/270